고흐 와 떠나는 교과서 여행

내 손으로 그리는 세계사

[지에밥]
giebap

고흐와 함께
세계사 여행을
떠난다면?

세계사 여행을 떠나기 전에

어린이 여러분, 안녕하세요!

나는 세계 최고의 화가로 손꼽히는 빈센트 반 고흐라고 해요.

나는 네덜란드의 작은 마을에서 목사의 아들로 태어났어요.

어릴 때 집안 형편이 어려워져서 구필 화랑에서 일했어요.

그곳에서 그림 도구들을 팔며 헤이그, 런던, 파리 등을 다녔지요.

잠시 선생님이나 전도사가 될까 고민도 해 봤지만 잘 안 됐어요.

그래서 평소에 가깝게 느끼던 그림을 본격적으로 배우기 시작했어요.

초기 작품인 〈감자를 먹는 사람들〉을 보면 내 어두운 마음을 엿볼 수 있어요.

그러다가 1886년에 파리로 가게 되는데 그곳에서 인상파의 영향을 받게 되지요.

인상파는 태양 아래 변화하는 자연의 순간적인 모습을 미묘하게 묘사하는 경향을 말해요.

그 뒤부터 나는 새로운 기법과 주관적 감각을 반영하여 개성 있는 작품을 그렸어요.

1888년부터 머문 아를에서 그린 내 작품을 보면 꼼꼼하고 힘 있게 붓을 놀리고 있어요.

〈해바라기〉, 〈아를의 침실〉 등이 그때 그린 작품들이에요.

하지만 나는 그해 가을 친구인 화가 고갱과 함께 작업을 하면서 정신병을 얻었어요.

나는 왼쪽 귀를 스스로 자르는 등 방황하지요.

하지만 이 시기에도 나는 〈자화상〉을 그리며 견뎠어요.

이때 내 동생 테오는 편지로 나를 위로해 주었어요.

그때 나는 왜 모든 것이 우울하고 덧없다고 생각했을까요?

세계 곳곳을 다니면서 아름다운 모습을 담았더라면 어땠을까요?

인도의 〈타지마할〉, 이집트의 〈피라미드〉, 그리스의 〈아테네 아크로폴리스〉,

중국의 〈만리장성〉 등 아름다운 세계 문화유산을 돌아보면서

내 마음을 치유했다면 내 인생이 180도 달라졌을지도 모르지요.

그래서 나는 이번에 이 책을 통해 세계사 여행을 하려고 해요.

문명이 시작된 곳에서부터 훌륭한 현대 건축물까지 시간 여행을 하면서

그림을 그려 보기로 한 거지요.

세계 문화유산을 그리면서 그와 관련된 역사와 뒷이야기까지 알아볼 거예요.

여러분도 함께 떠나고 싶다고요?

좋고말고요!

하지만 나를 따라 여행하면서 세계 문화유산을 잘 살피고 그려서

가슴 속에 새기겠다는 약속은 해 주어야 해요!

자, 출발할 준비되었나요?

고흐와 함께 떠나는 교과서 여행, 시작합니다!

고흐를 대신하여 글쓴이가

나도 고흐처럼 멋진 그림을 그릴 수 있어!

| 차례 |

세계사 여행을 떠나기 전에 _ 4

✚ **아시아**

따라와!

페르세폴리스에서 페르시아를 만나요!

페르세폴리스는 페르시아 왕조의 전성기인 다리우스 1세 때 지어졌어요.

"페르시아 제국의 길목과 궁전을 가장 아름답게 지어라!"

다리우스 1세는 커다란 바위를 깎아서 거대한 계단과 삼중문을 만들고 궁전 벽에 용맹한 페르시아의 군인들을 새겨 넣도록 명령했어요.

60여 년 동안의 공사를 거쳐 웅장한 도시가 완성되었어요.

하지만 그리스 마케도니아의 알렉산드로스 대왕과의 전투에서 페르시아 제국이 패하자 페르세폴리스는 함락되고 말았어요.

그날 밤 알렉산드로스 대왕은 축하 파티를 열었어요.

이때, 타이스라는 어여쁜 무희가 다가와 속삭였어요.

"대왕님, 우리를 괴롭힌 페르시아 왕이 살던 이 궁전에 불을 질러 버린다면 더 통쾌하지 않을까요?"

술에 취한 알렉산드로스는 이 말대로 페르세폴리스에 불을 지르도록 명령해요.

하지만 다음 날 아침 잠에서 깬 알렉산드로스는 땅을 치며 후회했어요. 아름다운 궁전은 온데간데없고 새까만 잿더미만 남아 있었기 때문이에요.

"아, 내가 무슨 짓을 한 것인가? 아름답기로 소문난 페르시아의 궁전을 한순간에 잃다니 참으로 어리석었도다!"

알렉산드로스는 후회했지만 이미 엎질러진 물이었어요.

현재의 페르세폴리스는 그때 화재를 피해 겨우 남은 것들이랍니다.

> 기둥 위쪽에는 용맹한 페르시아 제국의 특징을 나타내는 날개 달린 소 등이 새겨져 있어!

★선을 따라 그려 보세요.

[페르세폴리스]

기원전 518년, 다리우스 1세가 세우기 시작하여 60여 년 만에 완성된 아케메네스 왕조의 수도예요. 천연의 기단 위에 인간의 손으로 건설한 웅장한 왕궁 단지에서 옛 페르시아 제국의 위엄을 확인할 수 있어요. 테헤란에서 남쪽 650㎞ 떨어진 마르브다슈트 평야의 산기슭에 있는 이곳은, 현관의 거대한 계단, 조각 장식 띠로 덮인 여러 층의 벽, 날개 달린 거대한 소 조각 등이 특징이에요.

세계사 퀴즈
페르세폴리스를 지은 사람은 누구입니까?

① 시황제   ② 장영실
③ 세종 대왕   ④ 다리우스 1세
⑤ 알렉산드로스 대왕

답④

페트라, 사암 절벽 속 바위 도시를 보아요!

옛날 나바테아 인들이 서부 아라비아 사막에서 유목을 할 때였어요.

'헉헉, 사막은 너무 척박하고 다른 부족에 공격받기도 쉬워. 어디 아무도 볼 수 없는 곳에서 꼭꼭 숨어 살 수만 있다면……'

얼마 뒤 나바테아 인들은 산속 깊은 골짜기의 거대하고 붉은 사암 덩어리 사이로 난 아주 작은 틈새를 발견하였어요.

'우아, 저 틈새 속에 들어가서 살면 쥐도 새도 모르겠는걸?'

그때부터 나바테아 인들은 에돔 족을 받아들여서 물길을 만들고 건물을 지어서 골짜기에 완벽한 바위 도시를 완성했어요.

그리고 나바테아 인들은 이곳에 나바테 문명을 만들었고, 이집트, 아라비아, 페니키아와 교역하면서 번영하였지요.

그런데 106년에 로마의 트라야누스 황제에게 들키고 말았어요.

"오, 아름답도다! '하드리아누스의 페트라'라고 할 만하도다!"

131년에 하드리아누스 황제가 방문한 뒤 이곳은 이때부터 하드리아누스의 페트라로 불리기도 했지요.

하지만 6세기에 닥친 큰 지진으로 대부분이 땅속에 묻히고 말아요.

그러다 1812년 어느 날, 유럽의 탐험가 부르크 하르트에게 발견되었어요.

브르크 하르트는 아라비아 복장으로 변장하고 페트라를 세상에 알렸어요.

페트라의 모습은 책으로 출판되면서 세계에 알려졌답니다.

사막 한가운데, 거대한 붉은 사암 절벽 사이에 완벽한 도시가 숨어 있다는 것을 발견하는 데 무려 수백 년이나 걸렸구나!

선을 따라 그려 보세요.

[페트라]

요르단 남쪽에 위치한 고대 바위 도시예요. 기원전 7세기경부터 활약한 유목민 나바테아 인이 사막 한가운데 붉은 사암 틈새에 건설한 곳으로, 골짜기를 따라서 극장, 목욕탕 등의 다양한 시설을 갖추고 있었어요. 이곳은 이집트, 아라비아 등과 무역을 하며 번영하다가 2세기 로마에 정복당한 뒤 지진으로 무너졌어요. 19세기에 탐험가에 의해 발견된 뒤 세계 7대 불가사의 중 하나가 되었어요.

세계사 퀴즈
페트라를 건설한 민족은 누구입니까?

① 중국인   ② 한국인
③ 미국인   ④ 이탈리아 인
⑤ 나바테아 인

정답 ⑤

13

예루살렘에 3대 종교가 다 있어요!

예루살렘은 이집트의 침략으로 평화를 잃은 뒤, 수천 년 전부터 지금까지 종교의 다툼이 끊이지 않고 있어요.

하지만 세계 3대 종교의 성지가 모여 있는 유일한 곳이지요.

먼저, 성경에는 다윗 왕이 예루살렘을 3천여 년 전에 수도로 정한 뒤 아들인 솔로몬이 첫 성전을 건축했다고 전해져요.

그리고 이슬람교 경전에는 예언자 무함마드가 모리야 바위 위에서 말을 타고 하늘로 올라갔다고 전해지지요.

예루살렘에는 예수가 걷던 감람산 언덕의 오솔길, 십자가를 지고 올라 처형당했다고 전해지는 골고다 언덕 등이 있어요.

그리고 예루살렘 성의 서쪽에 자리한 '통곡의 벽'은 모든 유대 인들의 마음의 고향으로, 헤롯 왕 때 지은 모습을 그대로 간직하고 있어요.

또, 팔레스타인의 아랍 인에게는 바위 사원과 알 아크사 사원이 더 의미 있는 곳이에요.

알 아크사 사원은 이슬람교 3대 성지 중 하나로 불릴 만큼 중요한 장소예요.

그런데 이 사원은 70년 로마의 디도 장군에 의해 파괴된 뒤 유대 성전 위에 세워져서 유대교의 성지이기도 해요.

황금 바위 돔은 이슬람의 제5대 칼리프에 의해 지어졌어요.

이슬람교도들은 이곳이 천국과 가깝다고 여기며 신성시한답니다.

라파엘로, 〈골고다 언덕에 오르는 그리스도〉(1493년)

예루살렘에서는 기독교, 유대 교, 이슬람교의 양식을 모두 볼 수 있어!

★선을 따라 그려 보세요.

알 아크사 사원과 황금 바위 돔

[예루살렘]

기독교, 유대교, 이슬람교의 중요한 성지로, 이스라엘의 수도이자 세계 종교의 중심지예요. 4천 년 이상의 역사를 가진 도시로, 이곳에는 예수가 걷던 길과 십자가를 지고 가던 길과 골고다 언덕에 있는 사형 집행터, 예수가 승천한 장소가 있어요. 그리고 유대 인들의 마음의 고향인 통곡의 벽과 이슬람교도들의 성지인 알 아크사 사원과 황금 바위 돔 등이 있어요.

세계사 퀴즈
예루살렘에 성지가 있는 종교가 아닌 것은 무엇무엇입니까?

① 불교   ② 유교

③ 기독교   ④ 유대교

⑤ 이슬람교

15

타지마할에서 사랑을 찾아요!

무굴 제국의 황제 샤자한에게는 뭄타즈 마할이라는 착한 아내가 있었어요.

'다른 아내들은 자기를 꾸미기 바쁜데 뭄타즈는 언제나 짐을 위해 기도하는 착한 아내로군!'

샤자한은 가는 곳마다 언제나 뭄타즈와 함께 다녔어요.

그러던 어느 날 샤자한이 전쟁을 하러 다른 나라에 원정을 나가야 했어요.

이때에도 뭄타즈는 출산이 얼마 남지 않은 상태로 샤자한을 따라나섰지요.

그러다가 병에 걸려서 숨을 거두기 직전까지 갔어요.

"황제시여, 제가 세상을 떠나도 영원히 전하와 함께할 수 있도록 아름다운 무덤을 지어 주소서!"

샤자한은 뭄타즈의 유언대로 세상에서 가장 아름다운 무덤을 짓기로 했어요.

"세계 최고의 재료와 건축가들을 모으도록 하라!"

샤자한은 무덤을 세계 최고로 만들기 위해 밤낮없이 일했어요.

마침내 하얗고 아름다운 대리석으로 만든 타지마할을 완성했어요.

하지만 샤자한은 아름다운 궁전 형식의 무덤을 짓느라 국력을 낭비했어요.

그 때문에 나라의 재정이 바닥나고 백성들의 살림살이가 어려워졌지요.

이 모습을 지켜보던 아들이 샤자한을 타지마할 옆 첨탑에 가두었어요.

샤자한은 평생 타지마할을 보면서 뭄타즈를 그리워하다가 마침내 뭄타즈의 옆에 초라하게 묻히게 되었답니다.

죽은 아내를 그리워하는 샤 자한의 마음이 세계에서 가장 아름다운 궁전을 탄생시킨 거야!

★ 점을 따라 그려 보세요.

【 타지마할 】

1632년~1653년에 지어진 인도 우타르프라데시 주 아그라에 위치한 무덤 궁전으로, 전통적인 이슬람 양식으로 지어졌어요. 건물이 동서남북 대칭으로 지어졌는데, 곧게 뻗은 연못 양옆으로 초록색 나무들과 하얀색 대리석 기둥이 대칭을 이루고 있어요. 무덤 궁전은 양파 모양의 돔 지붕 아래 네 개의 돔 장식과 첨탑이 받치고 있지요. 안쪽 벽면에는 세계 곳곳의 42가지 진귀한 보석이 박혀 있어요.

①답

세계사 퀴즈
타지마할을 지은 사람은 누구입니까?

① 샤자한   ② 장영실
③ 시황제   ④ 뭄타즈 마할
⑤ 클레오파트라

하롱베이, 바다 위 신비로움을 만나요!

하롱베이(할롱 만)는 수천 개의 기이한 돌과 섬으로 이루어진 곳이에요.

섬 모양이 제각각이어서 코끼리섬, 낙타섬, 버섯섬, 싸움닭섬, 거북섬 등 동물 이름을 가진 섬이 많아요.

하롱베이는 여러 개의 섬으로 이루어져 있어 해상 전투에도 유리했어요.

13세기에 몽골군이 베트남에 침입했을 때였어요.

몽골군이 하롱베이까지 쳐들어오자 수비를 책임진 쩐 장군이 생각했어요.

"막강한 몽골군을 막기 위해서는 하롱베이의 지형적 특색을 살려야 해!"

쩐 장군은 수천 개의 섬들이 바다 위에 둥둥 떠 있는 하롱베이의 지리적 이점을 어떻게 이용할지 밤낮으로 고민했어요.

"섬들 사이에 있는 좁고 얕은 길목에 말뚝을 박아 놓고, 사람 눈에 뜨이지 않는 곳에 숨어서 몽골군이 포위될 때까지 기다려야겠어!"

쩐 장군은 '숨은 동굴'이라 불리는 곳에 2천여 명의 군사들을 매복시키고 배를 타고 건너오는 수만 명의 몽골군을 기다렸어요.

마침내 썰물 때가 되자 몽골군은 속절없이 떠밀려서 말뚝에 우르르쿵쾅 부딪치며 우왕좌왕했어요.

"앗, 함정이다! 말뚝을 제거하라! 아니, 어서 피하자!"

몽골군 장수가 소리쳤지만 때는 이미 늦었어요.

베트남군이 어느새 포위하여 몽골 군대를 크게 무찔렀답니다.

하롱베이는 석회암으로 이루어진 섬들이 갖가지 동물을 떠올리게 해. 햇빛과 비, 안개의 움직임에 따라 시시각각 모습이 달라져 보이지!

★선을 따라 그려 보세요.

【 하롱베이(할롱 만) 】

베트남 북부에 있는 만으로, 크고 작은 수천여 개의 깎아지른 섬들이 바다 위에 떠 있어요. 가지각색의 모양을 한 섬들이 태양의 위치에 따라서 모습을 달리하면서 비나 안개에 의해 환상적인 분위기를 연출해요. 이곳은 광활한 지역으로, 중국의 계림과 마찬가지로 광대한 석회암들이 풍화 작용을 거쳐 현재의 모습이 되었어요. 그래서 바다의 계림이라 불리지요.

④ 답

세계사 퀴즈
하롱베이가 있는 곳은 어디입니까?

① 중국　　② 몽골
③ 일본　　④ 베트남
⑤ 대만

앙코르 와트, 밀림 속 사원을 찾아요!

크메르 왕국은 수리아바르만 2세 때 동남아시아에서 번성한 왕국이었어요.

'짐은 짐과 하나가 될 신의 사원을 짓고 싶노라!'

마침내 수리아바르만 2세는 전망대, 탑, 회랑 등이 있는 거대한 앙코르 사원을 완성했어요.

이곳에 힌두교의 특성을 살린 수천 개의 사실적인 조각들을 새겼어요.

세월이 흘러 불교를 믿는 왕조가 들어섰어요.

'짐은 불교 신자이니 모든 사원에 불상을 모시도록 하라!'

이에 따라 이 사원에 불상을 새로 들여놓고 조각했어요.

그 뒤 크메르 왕국은 적의 침입을 피해 앙코르 와트에서 조금 떨어진 곳에 또 다른 도시를 지었어요.

앙코르 톰은 '큰 도시'라는 뜻으로, 호수 위 높은 성벽으로 외부의 침입을 막을 수 있었어요.

자야바르만 7세는 앙코르 톰 중앙에 불교 사원인 바욘 사원을 짓고 그 주변에 자야바르만 7세를 닮은 관음보살의 얼굴을 새겨 넣도록 했어요.

그리고 3천여 명의 승려가 살 수 있는 거대한 타프롬 사원을 지었어요.

오랜 시간이 흘러서 한 탐험가가 밀림 속에서 사원을 발견했어요.

'우아, 이런 깊은 밀림 속에 이런 아름다운 곳이…….'

거대한 풀과 나무를 걷고 보니 아름다운 앙코르 유적지가 빛나고 있었답니다.

앙코르 유적지는 앙코르 와트, 앙코르 톰 등이 있는 화려하고 웅장한 곳이야. 사원이 호수에 비치면 더욱 아름다워!

★선을 따라 그려 보세요.

[앙코르 와트]

앙코르 문화의 대표적 유적지로, 앙코르 톰의 남쪽 약 1.5km에 있으며, 12세기 초에 건립되었어요. 앙코르 왕조의 전성기를 이룬 수리아바르만 2세가 앙코르 왕조의 새로운 사원을 만들었어요. 이후 자야바르만 7세에 의해 바욘 사원과 타프롬 사원 등이 있는 앙코르 톰이 세워졌지요. 앙코르 유적지는 힌두교와 불교의 특성을 동시에 볼 수 있는 곳이에요.

세계사 퀴즈
앙코르 유적지와 관련 없는 것은 무엇입니까?

① 앙코르 와트   ② 앙코르 톰
③ 바욘 사원   ④ 타프롬 사원
⑤ 만리장성

답⑤

21

카트만두에서 신비로움을 찾아요!

카트만두는 네팔의 수도이자 중심지예요.

카트만두 계곡은 아주 먼 옛날에는 깊은 호수였어요.

이 호수는 크고 작은 산들로 둘러싸여 눈부시게 신비하고 아름다웠어요.

"우아, 이런 신비하고 아름다운 곳에는 틀림없이 신들이 살 거야! 이곳에 와

서 기도를 하면 꼭 소원이 이루어지겠지?"

사람들은 날마다 카트만두 호수에 찾아와서 기도를 드렸어요.

"신이시여, 우리 가족 모두가 건강하게 해 주세요."

"부처님의 자비로 우리 가정에 평화를 내려 주소서."

저마다 간절한 소망을 담은 발길은 날이 갈수록 더해 갔어요.

그러던 어느 날 문수보살이라는 신이 사람들을 보며 생각했어요.

"허허, 사람들이 호수 때문에 여기까지 오려면 무척 힘들겠구나! 호수에 물

이 없다면 사람들이 좀 더 쉽게 찾아올 수 있을 텐데……."

문수보살은 지혜의 칼을 꺼내 들어 휘두르기 시작했어요.

휙휙, 털썩!

가장 낮은 산을 베어 버리자 그 위로 호수의 물이 흘러내렸어요.

줄줄줄, 쏴아아!

어느덧 호수에 고여 있던 물이 모두 빠져나갔어요.

이때부터 카트만두는 높고 높은 산 아래 평평한 땅이 되었답니다.

스와얌부나트 사원의
스투파(탑)에는 부처의 눈이
새겨져 있어!
네팔 사람들은 이 눈이
세상 모든 사물의 이치를
꿰뚫어 본다고
믿고 있단다!

22

★ 선을 따라 그려 보세요.

쿠마리 사원

[카트만두 계곡]

네팔의 수도 카트만두가 자리한 곳으로, 130여 개의 주요 문화재가 있는 고대 아시아 문명의 교차지예요. 이곳에는 2,500여 개의 사원과 신전이 밀집해 있는데, 대표적인 사원인 스와얌부나트는 가장 오래된 사원이에요. 또, 중앙에 있는 스투파에는 부처의 눈이 새겨져 있는데, 세상의 이치를 꿰뚫어 본다고 믿고 있어요. 이 밖에 파슈파티나트 사원, 보드나트 사원, 쿠마리 사원 등도 있어요.

세계사 퀴즈
카트만두 계곡이 있는 곳은 어디
입니까?

① 중국   ② 일본
③ 한국   ④ 몽골
⑤ 네팔

정답 ⑤

23

이스탄불에서 아시아와 유럽을 찾아요!

이스탄불은 아시아와 유럽 대륙을 잇는 보스포루스 해협에 있어요.

이스탄불은 고대 비잔틴 시대를 거쳐 천 년 넘게 그리스의 수도였어요,

그리고 로마 시대에는 콘스탄티누스 대제가 제국을 재통일하면서 다시 거대 제국의 수도가 되었어요.

중세 시대에는 십자군 전쟁에서 라틴 민족이 이스탄불을 정복하면서 잠시 라틴 제국이 되었지요.

그러다가 비잔틴 제국이 수도를 되찾으면서 다시 부활하였지요.

그 뒤 오스만 제국이 비잔틴 제국을 정복했어요.

오스만 제국은 이스탄불에 이슬람 문화를 만들어 내려고 했어요.

무함마드 2세 때 기독교 문화가 숨 쉬는 성 소피아 성당 등 많은 성당과 수도원들을 이슬람교의 모스크로 개조했어요.

도시의 재건을 위하여 병원, 학교, 상업 시설을 건설하고 로마 제국이 만든 수도를 보수하는 등 도시를 되살리려고 노력했어요.

아흐메드 1세 때에는 블루 모스크라는 웅장한 이슬람 사원을 완공하였어요.

이곳은 6개의 높은 첨탑과 커다란 돔이 있는 것이 특징이에요.

블루 모스크 옆에는 오스만 황제들이 살던 궁전인 톱카프가 있어요. 궁전에는 다이아몬드, 에메랄드 등의 보물과 세례 요한의 뼈 등 진기한 유물들이 전시되어 있어요. 이스탄불에는 이처럼 동서양의 역사가 고스란히 담겨 있어요.

> 블루 모스크는 이슬람 문화 양식으로 건설된 사원이야! 높은 첨탑과 커다란 돔이 특징이지!

★ 선을 따라 그려 보세요.

블루 모스크

[이스탄불 역사 지구]

터키 최대 도시로, 아시아와 유럽의 문화 양식을 동시에 엿볼 수 있는 곳이에요.
보스포루스 해협을 두고 아시아와 유럽 양 대륙에 걸쳐 있어서 로마 제국, 비잔틴
제국, 라틴 제국, 오스만 제국의 지배 아래 있었어요. 블루 모스크, 성 소피아 성당
등 수많은 문화재들이 여러 제국의 문화적 특성을 가지고 있어요. '인류 문명이
살아 있는 거대한 야외 박물관'이라고도 불리어요.

세계사 퀴즈
이스탄불의 건축물 중 기독교의
특징이 있는 것은 어느 것입니까?

① 루비   ② 보스포루스
③ 톱카프 궁전   ④ 블루 모스크
⑤ 성 소피아 성당

⑨ 月

25

후지 산에 눈 보러 가요!

후지 산은 일 년 내내 눈을 볼 수 있는 산이에요.

일본 본토 섬의 중심에 있어서 예부터 일본인에게 신성시되고 있어요.

옛날 어떤 할아버지가 신기한 대나무를 발견했어요.

할아버지는 대나무를 꺾다가 그 속에서 손가락만한 아이를 발견했어요.

'허허, 이런 곳에 이렇게 예쁜 아이가 들어 있다니!'

할아버지는 이 아이를 '카구야'라고 부르며 정성을 다해 키웠어요.

어느덧 카구야가 성장하여 결혼을 할 나이가 되었어요.

이 소문을 듣고 좋은 집안의 청년 다섯 명이 동시에 청혼을 했어요.

'음, 다섯 모두를 사위로 맞을 수는 없으니 어떡하지?'

"아버지, 상징적인 혼수품을 찾아오게 하는 건 어떨까요?"

청년들은 혼수품을 찾아 각 지역으로 떠났고 끝내 돌아오지 못했어요.

이때 천왕이 직접 찾아와서 자신과 결혼해 주길 간청했어요.

그런데 카구야는 천왕에게 보름달이 뜰 때까지만 기다리자고 했어요.

마침내 보름달이 뜨자 달나라로부터 긴 행렬이 카구야 집으로 내려왔어요.

그리고 카구야를 데리고 하늘로 돌아갔지요.

카구야는 할아버지께 금은보화와 죽지 않는 약을 내려 주고 갔어요.

할아버지는 그 약을 산 정상에서 태워서 하얀 연기를 하늘로 올려 보냈어요.

이때부터 이 산은 죽지 않는 산이라는 뜻의 '후지 산'으로 불렸답니다.

> 후지 산은
> 파란 하늘과 높고
> 수려한 산의 모습,
> 사계절 녹지 않는
> 눈이 조화를 이뤄 매우
> 아름답지!

★선을 따라 그려 보세요.

[후지 산]

일본의 시즈오카 현과 야마나시 현의 사이에 있는 휴화산으로, 높이 3,776m의 일본 최고의 산이에요. 1707년부터 화산 활동이 정지되었고, 맑은 날에는 약 100km 떨어진 도쿄에서도 보여요. 수십만 년 전부터 반복된 화산 활동으로 형성된 성층 화산이며, 그 아름다운 풍모는 옛날부터 일본의 상징으로 여겨지고 있어요. 2013년에 유네스코 세계 자연 유산으로 등재되었어요.

정답 ②,⑤

세계사 퀴즈
후지 산이 해당하는 것은 무엇무엇입니까?

① 활화산 　　② 휴화산

③ 사화산 　　④ 설악산

⑤ 성층 화산

27

만리장성, 세계 최대의 성을 보아요!

만리장성은 중국의 오래된 성곽을 이어 붙여서 만든 긴 성곽이에요.

만리장성은 춘추 전국 시대에 시작되어 명나라에 이르기까지 아주 오랫동안 확장되고 보수되었어요.

기원전 4세기 때에 중국은 '제, 연, 진, 초, 한, 위, 조' 등의 크고 작은 나라들이 영토를 놓고 길고 긴 전쟁을 벌였어요.

그래서 각 나라들은 영토 방위를 위해 각각 성벽을 끊임없이 쌓았지요.

기원전 221년에 진나라의 시황제가 중국 최초로 통일을 이루었어요.

'음, 이제 국경을 튼튼히 하고 여러 유목 민족의 침입을 막기 위해서는 원래 있는 성을 잇는 것이 필요해!'

시황제는 엄청난 백성들을 동원하여 성들을 이어 붙이도록 명령했어요.

그런데 각 나라의 성들은 높이와 모양이 제각각이어서 들쑥날쑥했어요.

낮은 성곽과 가깝게 있던 흉노족은 성을 넘나들며 노략질을 일삼았어요.

흉노족의 침략이 계속되자 한나라 황제 무제가 만리장성을 더 튼튼하고 길게 지었어요.

이후에도 만리장성의 복원과 증축은 계속되다가 명나라 때에 성 쌓는 방식을 바꾸었어요.

원래의 성에 벽돌을 쌓고, 찹쌀풀을 섞은 모르타르로 잇는 방식이었지요.

이렇게 완성된 만리장성은 재해나 전쟁에도 잘 무너지지 않았답니다.

만리장성은 광활한 중국 대륙을 가로지르는 길고 높은 성곽이야. 만 리나 되는 성곽을 다 그리려 해도 엄청난 시간이 들겠는걸!

★선을 따라 그려 보세요.

【 만리장성 】

만리장성은 중국 진나라 때 시황제가 흉노족 등 유목 민족의 침입을 막기 위해 원래의 성곽을 잇고 부족한 부분은 새로 축조하여 거대한 성곽을 만든 것이에요. 총 길이가 5,000 ~ 6,000km(약 만 리)예요. 이후 명나라 때까지 계속해서 보수하고 신축하면서 현재의 모습이 되었어요. 1987년에 유네스코 세계 문화유산에 등재되었어요.

9.답

세계사 퀴즈
중국의 오래된 성들을 이어서 만리장성을 만든 사람은 누구입니까?

① 공자　　② 맹자

③ 세종　　④ 장영실

⑤ 시황제

29

진시황릉에서
영생의 소망을 보아요!

진나라 시황제는 중국 최초로 중국을 통일하고 황제에 올랐어요.

"하하하, 이제 천하가 내 것이로다! 짐이라면 못 할 것이 없도다!"

시황제는 흩어졌던 나라를 한데 모으기 위해 왕권을 강화하고 큰 공사를 진행하지요.

거대한 만리장성 공사를 시작으로 전국의 도로와 운하를 건설하였지요.

그리고 전국 각지의 귀하디귀한 보석을 가져다가 2백7십 개의 전각과 천7백2십 개의 방이 있는 아방궁을 짓고 호화로운 생활을 했어요.

'짐이 이 나라를 영원히 다스리려면 영원히 살아야 하지 않겠는가!'

이때부터 시황제는 불로초를 구하기 위해 전국을 헤매 다녔지요.

하지만 시간이 지나도 불로초를 구하지 못하자 애가 바싹바싹 탔어요.

'음, 영원히 살 수 없다면 짐의 무덤을 가장 크고 장엄하게 지어야 해!'

시황제는 여산 남쪽에 자신의 거대한 묘를 짓기 시작했어요.

시황제가 죽고 많은 시간이 지나서 진시황릉의 일부가 발견되었어요.

사람들은 그 거대함에 입을 딱 벌릴 수밖에 없었지요.

2천2백 년 동안 지하에 있던 병사와 도구, 유물이 땅속에서 발견되었지요.

지하 궁전인 병마용갱 속 도용들은 보병과 기마 부대, 장군에 이르기까지 모습이 다 다르고 얼굴 표정, 장신구도 모두 달랐어요.

당시 실제로 살았던 사람들을 모델로 똑같이 만들었다고 전해진답니다.

병마용갱의 도용들은 하나하나 실제 살아 있는 장군과 병사, 말, 마차를 모델로 만들어졌다고 해!

★선을 따라 그려 보세요.

병마용갱

【 진시황릉 】

중국 산시 성 여산 남쪽 기슭에 있는 시황제의 구릉형 묘로, 동서 485m, 남북 515m, 높이 약 76m예요. 중국 최초의 통일을 이룬 시황제가 70여 만 명을 동원하여 완성했다고 전해져요. 능은 2중 담장으로 싸인 능원 남쪽에 있으며, 현재 지상에서는 능의 흔적을 알아볼 수 없는 부분이 많아요. 수많은 묘가 발굴되었는데, 특히 능원 동문 밖 거대한 병마용갱은 세계적인 관심거리가 되었어요.

① 답

세계사 퀴즈
시황제가 건설한 것이 아닌 것은 어느 것입니까?

① 경복궁   ② 아방궁
③ 진시황릉   ④ 병마용갱
⑤ 만리장성

자금성에서 황실의 호화로움을 보아요!

자금성은 15세기 명나라의 영락제가 지은 화려한 궁전이에요.

"중국 황실은 세계의 중심이다! 위대한 황제가 사는 궁궐을 세상에서 가장 크고 화려하게 지어야 한다!"

영락제는 황제만이 쓸 수 있는 색으로 여겨지던 붉은색으로 세계에서 가장 규모가 큰 궁궐인 자금성을 지었어요.

자금성은 8백 채의 건물과 9천9백9십9개의 방을 지었어요.

옥황상제의 방 개수보다 1개를 적게 만든 것이지요.

자금성은 명나라와 청나라에 걸친 5백여 년 동안 황제들의 궁궐로 사용되어요.

이곳에는 황제들이 수집한 진귀한 보물들이 보관되어 있어요.

그리고 황제의 건강을 기원하는 학, 거북 등 동물의 동상이 세워져 있는가 하면 황실의 위엄을 상징하는 황금 사자상이 세워져 있어요.

하지만 자금성에는 이상하게도 나무가 없어요.

황제와 황후의 정원 이외에는 나무를 심지 않았지요.

이는 황제를 암살하려는 자객으로부터 황제를 보호하기 위해서였어요.

성벽 주변으로 작은 연못을 만들어, 밖의 사람들이 함부로 드나들지 못하도록 삼엄하게 경계했지요.

최근에 자금성은 고궁 박물원으로 명칭이 바뀌었어요.

이제 남녀노소 누구나 자유롭게 관람할 수 있답니다.

> 자금성은 8백 채의 건물과 9천9백9십9개의 방이 있는 붉은색 궁궐이야! 붉은색은 황제를 상징하는 색이었대!

★ 선을 따라 그려 보세요.

[자금성]

베이징의 한가운데에 있는 명과 청 왕조의 궁궐로, 세계 궁궐 중에서 규모가 가장 커요. 동서로 760m, 남북으로 960m, 72만㎡의 넓이에 높이 11m, 사방 4km의 담과 800채의 건물과 9,999개의 방이 있어요. 자금성의 동서남북에는 동화문, 서화문, 오문, 신무문이 있어요. 가장 큰 건물인 태화전에서 황제의 즉위식, 결혼식 등을 했고, 건청궁은 황제의 침실 겸 집무실이었어요.

세계사 퀴즈
자금성에 황제가 살던 시대는 언제언제입니까?

① 한   ② 수
③ 당   ④ 명
⑤ 청

정답④,⑤

제주도에서 화산의 흔적을 찾아요!

제주도에는 수많은 화산과 거대한 용암 동굴이 있고, 희귀한 동식물이 층층이 분포해 있어요.

한라산은 남한에서 가장 높은 해발 1천9백5십 미터의 화산이에요.

한라산 꼭대기에는 백록담이라는 호수가 있어요.

'백록담'은 흰 사슴이 물을 먹는 곳이라는 뜻으로, 신비한 전설이 전해져요.

옛날 효성이 지극한 사냥꾼이 병든 어머니와 함께 살았어요.

어느 날 사냥꾼은 한 나그네에게 어머니 병을 고치는 데 사슴 피가 좋다는 말을 들었어요.

사냥꾼은 그길로 한라산에 올라 사슴을 찾았어요.

사냥꾼이 정상에 오르자 안개가 껴서 앞을 볼 수 없었어요.

나무꾼은 안개 사이로 희끗희끗 흰 사슴을 보았어요.

얼른 화살을 쏘려던 순간, 백발의 노인이 나타나 사슴을 막아섰어요.

눈 깜짝할 사이에 노인도, 사슴도 사라지고 말았지요.

나무꾼이 허탈해하며 앞을 보니 큰 연못이 생겨 있었어요.

사냥꾼은 할 수 없이 연못 물을 어머니께 드렸고, 어머니는 병이 나았지요.

이때부터 사람들은 이 연못을 흰 사슴이 주고 간 연못이라 하여 '백록담'이라고 불렀어요.

백록담은 화산 활동으로 생긴 호수이지만, 신비로움을 간직하고 있답니다.

> 한라산 산기슭에는 참식나무, 굴거리나무 등의 난대림이, 중간에는 졸참나무, 단풍나무 등의 온대림이 함께 있대!

★선을 따라 그려 보세요.

한라산과 백록담

[제주도(제주 화산섬과 용암 동굴)]

한반도 남서쪽에 있는 섬으로, 화산 활동으로 형성된 섬이에요. 동서 73km, 남북 40km의 타원형이며, 다양한 동물이 살고, 높이에 따라 희귀한 식물들이 분포해요. 한라산은 제주도의 대부분 면적을 차지하며, 정상에 백록담이라는 화구호(화산 분출구가 막혀 물이 괸 호수)와 360개의 오름(기생 화산)이 있어요. 그리고 화산 분출 때 흘러내린 용암으로 형성된 130여 개의 용암 동굴이 있어요.

세계사 퀴즈
한라산에 있는 화구호는 무엇입니까?

① 천지　　　② 백록담
③ 청계천　　④ 천왕봉
⑤ 을밀대

ⓐ 답

종묘에 제사 드리러 가요!

종묘는 조선 시대 왕과 왕비의 신위(시호를 적은 위패)를 모신 곳이에요.

지금도 종묘에서는 매년 5월 첫째 주 일요일에 종묘 제사를 지내요.

왕과 왕비의 제사인 만큼 가정의 제사 모습과는 많이 다르지요.

조선 왕조의 혈통을 이은 전주 이씨의 후손들이 그 시대의 복장과 모자를 쓰고 정중하게 예를 갖추지요.

이때 은은하게 울려 퍼지는 음악과 살포시 휘젓는 춤이 곁들여지지요.

이것이 5백 년 전통을 가진 종묘 제례악이에요.

종묘를 지은 사람은 조선의 태조 이성계였어요.

"고려의 종묘를 허물고 한양에 새 왕조의 종묘를 짓도록 하라!"

이성계는 조선을 세우면서 가장 먼저 유교 이념에 따라 국궁인 경복궁 동쪽에 종묘를, 서쪽에 사직단을 지었어요.

종묘는 단순하면서 절제된 건축물이에요.

왕과 왕비의 신위를 모신 정전과 다른 왕족의 신위를 모신 영녕전을 구분하였어요.

그리고 왕이 제사를 준비하던 재실과 큰 공을 세운 신하의 신위를 모신 공신당 등의 건물이 있어요.

후대에 왕들에 의해 약간 수정되었지만, 이와 같은 격식 있는 건축 양식은 세계적으로도 그 가치를 인정받고 있답니다.

> 종묘의 격식 있는 건축 양식과 종묘 제례악은 세계적으로 그 가치를 인정받고 있어!

36

★ 선을 따라 그려 보세요.

【 종묘 】

조선의 왕과 왕비의 신위를 모시고 제사를 지내는 유교 사당으로, 서울 창덕궁과 창경궁의 남쪽에 있어요. 왕과 왕비의 신위를 모신 정전과 기타 왕족의 신위를 모신 영녕전으로 나뉘어요. 유네스코에서는 종묘의 건축물과 500년의 역사가 있는 제례를 세계 문화유산으로 지정하였어요. 그리고 종묘 제례에서 행해지는 음악인 종묘 제례악을 인류 구전 및 무형 유산 걸작으로 지정하였어요.

①답

세계사 퀴즈
종묘를 세운 사람은 누구입니까?

① 태조   ② 태종
③ 세종   ④ 영조
⑤ 정조

아크로폴리스에서 신들을 만나요!

고대 유럽 문명이 시작된 그리스로 왔어요.

아테네에 있는 아크로폴리스는 고대 그리스 도시 국가의 중심지로, 신전을 비롯한 소중한 고대 유적이 남아 있어요.

이곳의 신전 중 제일은 아테나 여신을 모신 파르테논 신전이에요.

제우스는 지혜로운 여신 메티스를 삼킨 뒤 머리가 깨질 듯 아팠어요.

이때 제우스의 머리를 뚫고 아테나 여신이 태어났어요.

아테나 여신은 전쟁의 여신으로, 메두사 방패를 가지고 전쟁터를 누볐어요.

아테나는 그리스가 트로이 전쟁에서 승리하게 해 주어요.

이 무렵 포세이돈이 그리스를 차지하려고 호시탐탐 넘보았어요.

그래서 둘은 그리스 시민들에게 필요한 선물을 주는 내기를 했지요.

"나, 포세이돈은 멋진 말과 샘물을 내려 주노라!"

"나, 아테나는 평화와 풍요를 꽃피울 올리브 나무를 내리겠어!"

그리스 시민들은 올리브 나무를 가꾸며 평화롭게 사는 일을 좋아했지요.

그때부터 이 도시는 '아테나(네)'를 외치며 아테나 여신을 받들었어요.

아테나 여신은 쟁기와 베틀, 플루트를 주며 시민들이 풍요롭게 살도록 도와주었어요. 시민들은 아테나를 모신 파르테논 신전을 바치며 아테나에 충성을 맹세했어요. 그리고 전쟁에서 아테나를 도운 오디세우스, 페르세우스, 헤라클레스 신전도 지었답니다.

아크로폴리스에는 고대 그리스 문명이 숨 쉬는 건축물들이 모여 있어! 고대 시대에 이렇게 아름다운 신전과 음악당, 극장이 있었다니 정말 놀랍지?

★선을 따라 그려 보세요.

[아테네 아크로폴리스]

그리스 아테네 언덕에 있는, 고대 그리스 도시 국가의 중심지로, 여러 신전과 요새가 있어요. 입구에 세워진 문 프로필라이온과 6명의 여인이 받치는 에레크테이온 신전, 아테나 여신을 모신 파르테논 신전 등이 있어요. 6,000명을 수용하는 큰 음악당과 디오니소스 극장 등도 남아 있어요. 고대 아크로폴리스가 언덕에 있었던 것은 적의 공격을 수비하기 좋고 성벽을 쌓기 좋았기 때문이에요.

①름

세계사 퀴즈
파르테논 신전에 모신 그리스 신은 누구입니까?

① 아테나　　② 아레스
③ 포세이돈　　④ 페르세우스
⑤ 헤라클레스

39

로마에서 유럽의 역사를 찾아요!

전통의 도시 로마는 언제, 어떻게 탄생한 것일까요?

전쟁의 신 마르스는 쌍둥이 아들을 낳았어요.

쌍둥이 로물루스와 레무스는 태어나자마자 강가에 버려지고 말아요.

이때, 테베레 강 위를 떠내려가는 쌍둥이 형제를 늑대가 데려다 길러요.

쌍둥이 형제는 늑대의 젖을 먹으면서 무럭무럭 자랐어요.

성인이 된 형제는 기원전 753년에 테베레 강가 동쪽 팔라티노 언덕에 도시를 건설해요.

그런데 두 형제의 사이가 벌어져서 로물루스가 레무스를 죽였어요.

그 뒤 로물루스는 도시 이름을 '로마'라고 정하고, 왕에 오르지요.

로마는 고대 도시 국가 때부터 모든 분야의 중심지였어요.

로마의 상징 콜로세움은 베스파시아누스 황제가 짓기 시작하여 아들 대에 완성한 고대 투기장이었어요.

395년에 로마는 동서로 나뉘면서 서로마 제국에 속하게 되었고, 수도를 옮기는가 하면 다른 민족의 지배를 받는 등 수난을 겪지요.

교황령의 수도로서 다시 번창한 로마는 르네상스의 중심지로 자리잡아요.

그 뒤 종교 개혁 시대와 신성 로마 제국을 거치면서 바로크, 로코코 양식 등의 다양한 양식을 경험하지요.

로마는 지금까지 서양 문명의 요람으로 유럽의 역사를 오롯이 담고 있답니다.

> 로마는 '세계의 머리'라고 불릴 정도로 유럽뿐 아니라 세계의 중심지 역할을 오랫동안 해 왔어! 그래서 오랜 역사를 간직한 유물들이 도시 전체에 자리하고 있어!

선을 따라 그려 보세요.

콜로세움

[로마 역사 지구]

고대 로마 제국의 수도이자 로마 가톨릭 교회의 중심지였어요. 교황령으로 독립한 바티칸 시국이 있고, 수많은 역사 유물이 남아 있어요. 고대 원형 경기장인 콜로세움은 5만 명의 관중이 입장할 수 있을 정도로, 복합적인 건축 양식을 지닌 곳이에요. 이 밖에도 도시 광장 로마노, 르네상스 예술이 빛나는 트레비 분수, 콘스탄티누스 황제 개선문, 마르첼로 극장, 카라칼라 목욕장 등이 있어요.

세계사 퀴즈
로마 시대에 콜로세움은 무엇으로 사용되었습니까?

① 광장   ② 주택

③ 성당   ④ 극장

⑤ 투기장

답⑤

41

피사의 사탑을 세워 보아요!

피사의 사탑은 피사 대성당에 있는 종탑으로, 700년 넘게 기울어진 채로 버티고 있어요.

이 탑은 도시 국가인 피사가 팔레르모 해전에서 승리하면서 시작했어요.

당시의 왕은 건축가 피사노에게 세계 최고의 종탑을 만들라고 명령하지요.

"그래, 세계 최고의 종탑을 지어서 대대손손 내 이름을 알려야겠어!"

피사노는 큰 뜻을 안고 종탑을 짓기 시작해요.

1층, 2층, 3층……

새하얀 대리석을 원통형으로 차곡차곡 쌓아 종탑을 짓던 피사노는 어느 날 깜짝 놀랐어요.

3층까지 짓고 보니 건물이 한쪽으로 삐딱하게 기울어 있었지요.

'어, 이상하다! 내 눈에만 기울어져 보이나?'

마침내 피사노는 건물을 짓느라고 약해진 땅이 아래로 가라앉아서 건물이 꺼지고 있는 것을 발견했지요.

피사노는 이 사실을 알고도 공사를 계속하다가 그만 숨을 거두어요.

그 후 100여 년이 지나서야 공사가 다시 시작되었어요.

마침내 완성된 피사의 사탑은 건물이 기울어진 채 700여 년 간 무너지지 않고 있어요. 이곳을 찾는 관광객들은 피사의 사탑이 언제 무너질지 걱정하기보다는 탑을 들어 올리는 사진을 찍으며 즐거워한답니다.

피사의 사탑은 하얀 대리석 원통형 종탑으로, 한쪽으로 5도 이상 기운 것이 오히려 신기하게 느껴지기도 해!

선을 따라 그려 보세요. ★

[피사의 사탑]

이탈리아 피사 두오모 광장에 있는 종탑으로, 똑바로 서 있지 않고 기울어져서 버티고 있어요. 8층의 흰 대리석 탑인 이 탑의 내부는 원통형으로 테라스까지 294개의 계단이 나 있어요. 건물을 지을 때 건물이 무게로 인해 무른 땅이 내려앉으면서 탑이 기울게 되어서 약 700여 년 간 버티고 서 있어요. 과학자 갈릴레오 갈릴레이의 중력 실험으로 더 유명해지기도 하였어요.

ⓐ 뭄

세계사 퀴즈
피사의 사탑이 기운 각도는 대략 얼마입니까?

① 1도   ② 5도

③ 10도   ④ 15도

⑤ 30도

바티칸에서 교황님을 만나요!

바티칸 시국은 바티칸 대성당(성 베드로 대성당)이 있는 곳이에요.

성 베드로 대성당은 세계 가톨릭의 중심인 만큼 크기가 세계 최대이며, 공사 기간만도 150년이 걸렸어요.

대성당의 돔은 미켈란젤로가 설계했는데, 원통형 구조물의 중심을 잘못 측정하는 바람에 천장에 거대한 쇠사슬을 두었다고 해요.

대성당 앞 광장의 오빌리스크는 이집트의 상징물 중 하나로, 로마 콜로세움에 세워져 있던 것을 1586년에 가져왔어요.

많은 사람이 키가 큰 탑을 세우려고 밧줄과 씨름하였지만 소용없었지요.

이때 한 사람이 "밧줄에 물을 부으시오!"라고 외쳤고, 그 덕분에 탑이 우뚝 설 수 있었다고 해요.

교황 비오 9세 때에는 교황의 권위를 빼앗으려고 이탈리아 군대가 바티칸에 쳐들어오기도 했어요.

성 베드로 대성당이 함락되자 교황은 천사의 성으로 피해야 했어요.

교황은 성으로 올라가는 거룩한 계단을 관습대로 무릎을 꿇고 기어올라갔고, 전쟁이 끝날 때까지 총소리만 듣고 있었다고 해요.

그리고 제2차 세계 대전 때에는 독일군이 교황청에 폭탄을 떨어뜨려서 성 베드로 대성당 스테인드글라스가 산산조각 났다고 해요.

그럼에도 바티칸 시국은 세계인의 사랑 속에 아직도 건재하답니다.

바티칸 대성당에는 미켈란젤로의 걸작 피에타 조각상이 있어. 또한 바티칸의 시스티나 성당에서도 〈천지 창조〉, 〈최후의 심판〉 등 그의 작품을 볼 수 있지!

★선을 따라 그려 보세요.

【 바티칸 시국(바티칸 대성당) 】

이탈리아의 로마 북서쪽에 있는 가톨릭 국가로, 영토 0.44㎢, 인구 약 830명을 가진 세계에서 가장 작은 주권 국가예요. 가톨릭 교회의 우두머리인 교황의 지배를 받아요. 19세기에 이탈리아가 통일 국가가 되면서 이탈리아에 합병되었어요. 그러다가 1929년에 라테란 협정을 통해 이탈리아로부터 교황청 주변의 독립을 인정받아서 현재 제266대 프란치스코 교황에 이르고 있어요.

세계사 퀴즈
바티칸 대성당의 돔을 설계한 사람은 누구입니까?

① 고흐　　　　② 다빈치

③ 라파엘로　　④ 김홍도

⑤ 미켈란젤로

정답⑤

45

쾰른 대성당에서 하늘을 보아요!

쾰른 대성당은 중세 시대의 고딕 양식을 대표하는 성당이에요.

중세 시대 유럽에서는 하나님을 무조건적으로 숭배했어요.

그래서 교회를 뾰족한 첨탑, 웅장한 기둥이 떠받치고 있는 높은 천장, 오색 찬란한 빛을 내뿜는 색 유리창 등으로 지었어요.

"교회를 정성을 다해 잘 지으면 이 마음이 하나님께 전달될 거야!"

사람들은 이렇게 믿고 교회를 정성껏 지었지요.

독일의 쾰른은 중세에 로마 못지않게 번창한 도시였어요.

그래서 사람들은 유리 하나, 돌 하나에도 심혈을 기울이며, 성당을 높이, 더 높이 지으려고 노력했어요.

그런데 쾰른 대성당은 엄청난 돈과 시간을 들여야 하는 대공사였어요. 그래서 중간에 282년 동안 건설이 중단되기도 했어요.

막대한 건축비를 세금과 기부금만으로 감당할 수 없었기 때문이지요.

그러다가 빌헬름 1세의 도움을 받아서 다시 공사가 시작되었고, 공사를 시작한 지 632년 만인 1880년에 완공되었지요.

이때 모든 쾰른 시민들은 기뻐하며 흥겨운 축제를 벌였어요.

한편 쾰른 대성당에는 진귀한 유물, 빼어난 그림과 조각 등이 있어요.

이탈리아에서 가져온 동방 박사의 유골함과 아기 예수를 안고 있는 성모 마리아 조각, 벽면에 새겨진 아담과 하와, 모세, 예수의 모습이 그것이랍니다.

중세 시대에는 하늘을 향해 높이 탑을 올리고, 첨탑을 뾰족하게 세우고, 기둥을 든든하게 떠받치는 건축 양식이 발달하였어!

★선을 따라 그려 보세요.

【쾰른 대성당】

독일 쾰른에 있는 로마 가톨릭 성당으로, 중세 고딕 양식으로 지어졌어요. 높이가 157m로, 세계에서 세 번째로 높은 성당이에요. 신성 로마 제국 때 이탈리아에서 가져온 동방 박사 3인의 유골함을 안치하기 위해 지어진 건축물로, 1248년부터 632년 동안 지었어요. 쾰른 중앙역, 라인 강변의 아름다운 풍경과 호헨촐렌 철교, 루드비히 박물관, 로마-게르만 박물관 등과 어울려 있어요.

②月

세계사 퀴즈
쾰른 대성당을 지은 기간은 얼마입니까?

① 1년   ② 6년

③ 63년   ④ 282년

⑤ 632년

47

아우슈비츠에서 전쟁의 비극을 보아요!

제2차 세계 대전 때 나치스는 유대 인을 이유 없이 잡아다가 학살하였어요.

아우슈비츠 집단 수용소는 나치스의 만행을 느낄 수 있는 문화유산이지요.

나치스는 고압 전류가 흐르는 이 수용소에서 400만 명 이상의 수용자들을 가두어 놓고 일을 시키고 무자비하게 죽였어요.

이 수용소에는 그때의 기억을 느낄 수 있는 가스실과 시체 소각장, 희생자들의 유품이 전시되어 있어요.

당시에 나치스는 수용소 입구에 '노동이 인간을 자유롭게 한다.'라는 문구를 내걸고 열심히 일하면 죽지는 않을 것이라는 믿음을 주었어요.

그러나 병들고, 늙고, 어린 사람들은 곧장 가스실로 보내졌지요.

당시 유대 인이 얼마나 고통을 당했는지는 안네 프랑크가 쓴 〈안네의 일기〉에서도 엿볼 수 있어요.

독일에서 태어난 유대 인 소녀 안네는 히틀러의 유대 인 탄압을 피해 가족과 함께 네덜란드 암스테르담에서 숨어 살아요.

언제 들킬지 모르는 공포 속에서도 안네는 소녀로서의 순수함을 잃지 않고 자신이 겪은 일을 일기에 꼼꼼히 기록해요.

안네의 가족은 동료가 붙잡혀 가고 내부 분열로 아우슈비츠 집단 수용소까지 오게 되어요. 〈안네의 일기〉는 안네가 죽은 뒤 발견되어 마지막까지 살아남은 아버지 손에 들어간 뒤 출판하면서 세상에 알려지게 되었답니다.

낡은 벽돌 건물과 가스실, 소각장 들이 전쟁의 참상을 보여 주는 곳이야. 이런 끔찍한 곳을 문화유산으로 지정한 뜻은 전쟁의 교훈을 잊지 말자는 거지!

★선을 따라 그려 보세요.

[아우슈비츠 집단 수용소]

독일의 나치스가 유대 인을 학살하기 위하여 이용했던 강제 수용소로, 폴란드의 오슈비엥침에 있어요. 1940년부터 5년간 400만 명 이상의 죄 없는 사람들이 이 곳으로 끌려와서 죽임을 당했는데, 이 중 대부분이 유대 인이었어요. 강제 수용소 28동이 보존되어 있으며, 일부는 전시관으로 사용되고 있어요. 희생자들을 기억하고 다시 이런 비극이 일어나지 않게 하기 위해 세계 문화유산으로 지정되었어요.

세계사 퀴즈
아우슈비츠 집단 수용소에서 희생된 사람은 몇 명입니까?

① 4명   ② 4백 명
③ 4천 명   ④ 4만 명
⑤ 400만 명 이상

정⑤

부다페스트에서 도나우 강을 보아요!

14세기 무렵 헝가리는 중부 유럽 일대의 평원을 지배하던 나라였어요.

부다페스트는 이 시대의 흔적을 엿볼 수 있는 도시로, '도나우 강의 진주', '작은 파리'로 불릴 만큼 아름다워요.

부다페스트는 도나우 강을 사이에 두고 역사가 오래된 부다 지역과 현대식 건물들이 즐비한 페스트 지역으로 나뉘어요.

부다 왕궁 언덕 동쪽에 우뚝 서 있는 '어부의 요새'라는 건물이 있어요.

19세기 시민군이 왕궁을 지키고 있을 때의 일이에요.

도나우 강을 사이에 두고 있는 부다페스트는 적의 공격을 받기 쉬웠어요.

그래서 이곳의 어부들이 강을 건너 기습하는 적을 막기 위해 이 요새를 지키며 방어하였지요.

이 요새에는 고깔모자 모양을 한 일곱 개의 탑이 있는데, 이것은 헝가리를 건국한 일곱 부족을 상징해요.

성 안쪽은 하나로 연결되었는데, 하얀색의 화려한 성벽과 마차시 교회까지 뻗어 있는 계단이 무척 아름다워요.

제2차 세계 대전을 겪은 후 헝가리는 사회주의 국가가 되어요.

이때, 웅장했던 옛 건물들도 많이 파괴되고 전쟁의 피해로 건물들이 부서진 채 남겨졌어요.

그러다가 1980년대에 이르러 도시를 복원하면서 지금의 모습이 되었답니다.

> 부다페스트는 도나우 강을 사이에 두고 옛 도시의 모습이 보이는 부다와 현대적 건물이 많은 페스트로 나뉘어!

50

★선을 따라 그려 보세요.

국회 의사당

[부다페스트]

헝가리의 수도이자 정치 · 산업 · 문화의 중심지로, 도나우 강을 사이에 두고 부다
와 페스트가 합해져서 하나의 도시가 되었어요. 부다는 역사적 전통이 남아 있는
사적들과 장려한 의사당 등이 유명하고, 페스트는 현대적 건물이 늘어선 상업 지
구예요. 부다 성에는 국회 의사당, 박물관, 미술관, 도서관 등이 있고, '어부의 요
새'는 동화의 나라를 연상시킬 만큼 환상적인 건물이에요.

세계사 퀴즈
부다페스트의 왕궁 언덕에 있는
고깔 모양 요새는 무엇입니까?

① 도나우　　② 부다

③ 페스트　　④ 로마네스크

⑤ 어부의 요새

⑤ 답

51

상트페테르부르크에서
발트 해를 보아요!

상트페테르부르크는 러시아 네바 강 부근에 세워진 도시예요.

표트르 대제가 드넓은 러시아 땅을 돌아보다가 이곳을 지나게 되었어요.

이때까지도 상트페테르부르크는 숲과 늪으로 이루어진 황량한 곳이었지요.

툭 하면 홍수가 나고 범람을 하는가 하면 날씨도 썩 좋지 않았어요.

하지만 표트르 대제는 다른 나라와 문을 닫고 있던 러시아를 좀 더 개방적이고 적극적인 나라로 만들고 싶었어요.

'이곳은 네바 강에 접해 있어서 유럽으로 쉽게 드나들 수 있어! 이곳에 멋진 도시를 세워서 러시아 제국을 세계 최고로 만들어야겠어!'

표트르 대제는 수만 명을 동원하여 이곳에 새로운 수도를 짓기 시작했어요.

발트 해의 수많은 섬들에 다리와 운하를 건설하기 시작했어요.

하지만 이 공사에는 오랜 시간과 수많은 희생이 뒤따라야 했어요.

무려 34년 동안에 걸쳐서 4만 명의 사람들이 희생되었지요.

마침내 도시가 완성되자 러시아 제국은 수도를 이곳으로 옮겨 와요.

그리고 이곳에서 오스만 튀르크와 전쟁을 벌이고 승리하면서 카스피 해로 영토를 확장하였어요.

그리고 러시아는 본격적으로 시베리아 지역으로 영토를 확장하는가 하면 캄차카 반도 등 광활한 영토를 손에 넣게 되지요.

이후 상트페테르부르크 앞 광장은 러시아 혁명의 시작점이 된답니다.

> 중세와 근대의 역사가 살아 숨 쉬는 상트페테르부르크에는 발트 해를 중심으로 형성되었기 때문에 수많은 다리와 운하가 있대!

★ 선을 따라 그려 보세요.

에르미타주 미술관(겨울 궁전)

[상트페테르부르크 역사 지구]

러시아의 북서쪽 네바 강에 있는 연방 시로, 발트 해의 자연 섬과 운하로 생긴 섬 위에 세워진 도시예요. 이곳은 러시아 제국의 표트르 대제에 의해 세워졌는데, 레닌그라드라고도 불렸어요. 수많은 운하와 다리로 연결되어 있고, 바로크와 신고전주의 양식으로 지은 집과 성당들이 있어요. 겨울 궁전과 광장은 러시아 혁명의 시작점이 되었고, 세계에서 가장 큰 돔형 성당인 상트이사크 성당이 있어요.

ⓒ름

세계사 퀴즈
상트페테르부르크를 세운 사람은 누구입니까?

① 레닌　　　　② 마르크스
③ 표트르 대제 ④ 엘리자베스
⑤ 합스부르크

런던 타워에서 왕실의 역사를 들어요!

런던 타워는 중세 시대 영국 왕실의 역사를 상징하는 곳이에요.

그런데 런던 타워가 더 유명해진 것은 그곳에 많은 왕족이 갇히거나 처형당했기 때문이에요.

에드워드 5세와 동생, 앤 불린을 포함한 헨리 8세의 두 부인, 헨리 그레이의 딸 제인 그레이 등이 이곳에서 처형되었고, 엘리자베스 1세도 유폐되었다가 풀려났지요.

런던 타워

이 중에서 헨리 8세와 앤 불린의 이야기는 잘 알려져 있어요.

헨리 8세는 정략적으로 결혼한 첫 번째 부인에 관심이 없었어요.

헨리 8세는 왕비의 시녀였던 앤 불린을 사랑하게 되었고, 결국 종교까지 바꾸면서 앤과 결혼해요.

하지만 앤이 아들을 낳지 못하자 화가 나서 앤을 이곳에서 처형해요.

그의 뒤를 이은 메리 여왕은 영국을 가톨릭 교로 바꾸려는 정책을 세워요.

하지만 이것은 앤의 딸 엘리자베스를 중심으로 한 반대 세력을 모으는 구실이 되지요.

메리 여왕은 반란에 가담했다는 이유로 엘리자베스를 런던 타워에 가두어요.

하지만 두 달 동안 혐의를 찾지 못하자 할 수 없이 풀어 주지요.

그 뒤 왕위에 오른 엘리자베스 1세는 대영 제국의 기틀을 세우는 위대한 여왕이 되었답니다.

런던 타워는 원래는 왕궁으로 세워졌다가 감옥, 처형장으로 쓰여지면서 비극의 영국 역사를 증명하는 곳이 되었어! 지금은 타워 브리지와 연결되어 아름다워!

★선을 따라 그려 보세요.

[런던 타워(런던 브리지)]

영국 런던 템스 강 북쪽에 있는 중세 왕궁으로, 영국 왕권의 상징이자 군사 건축물이에요. 11세기에 세워진 이래 왕궁, 방어용 성채, 나라 죄인의 감옥, 처형장, 무기고, 왕실 보물 저장고, 조폐국 등으로 이용되었어요. 런던 타워는 견고한 외부 성곽과 크고 작은 타워들이 모인 복합 건축물이에요. 제일 먼저 세워진 화이트 타워와 왕실의 왕관과 보석을 보관하는 주얼리 하우스 등이 있어요.

⑨月

세계사 퀴즈
런던 타워가 사용된 용도가 아닌 것은 어느 것입니까?

① 감옥   ② 무기고
③ 처형장   ④ 저장고
⑤ 경기장

55

스톤헨지에서
선사 시대를 보아요!

스톤헨지는 모양이 다른 돌들이 두 줄로 빙 둘러 세워진 독특한 선사 시대의
유물이에요.

이것을 누가, 어떻게 만들었는지 수많은 학자들이 연구하고 있으나 아직까지
명확하게 밝혀내지 못했어요.

스톤헨지에는 돌들이 셰일 서클과 블루스톤 서클이라고 이름 붙여진 원 모양
으로 빙 둘러서 서 있어요.

셰일 서클이라고 불리는 바깥쪽 원은 돌을 30개 가량 세우고, 그 위에 돌을
가로로 눕힌 것이 특징이에요.

안쪽의 블루스톤 서클은 크고 작은 모양의 돌들이 불규칙하게 세워져 있지요.

그중에는 말발굽 형태의 삼석탑도 있어요.

그리고 돌 서클 주변에서 작은 구덩이들이 곳곳에서 발견되었어요.

"제단이 있으니까 분명히 옛날 영웅들의 제사를 지냈던 곳일 거야!"

"선사 시대에 해의 움직임으로 시간을 알던 해시계였을 거야!"

"아니야, 옛날에 춤을 추기 위해 마련해 둔 무대였을 거야!"

사람들은 다양하게 추측하지만 어느 것 하나 명확히 밝히지 못하고, 대략 기
원전 3천 년경에서 2천 년경에 만들었을 것으로 보고 있을 뿐이지요.

이 시대에 어떻게 이렇게 거대한 돌을 옮겨서 쌓았을지 놀라울 따름이지요.

그래서 일부에서는 외계인이 만든 유적이라고 보기도 한답니다.

> 스톤헨지를 두고
> 선사 시대의 제단이라고
> 말하는 사람,
> 해시계라고 말하는 사람,
> 무대라고 말하는 사람
> 등이 있어!

★선을 따라 그려 보세요.

[스톤헨지]

영국 남부 윌트셔 주 솔즈베리 평원에 있는 선사 시대의 돌 유적이에요. 높이 8m
나 되는 돌 80여 개가 형태를 이루면서 세워져 있어요. 독특한 구조로 인해 '영웅
의 무덤', '거대한 해시계', '외계인이 지은 건축물' 등 다양한 추측들이 있어요. 셰
일(사암)과 휘록암과 유문암으로 이루어져 있고. 바깥쪽 원을 '셰일 서클', 안쪽 원
을 '블루스톤 서클'이라고 불러요.

세계사 퀴즈
스톤헨지를 이루는 돌이 아닌 것
은 어느 것입니까?

① 셰일　　　② 사암
③ 휘록암　　④ 유문암
⑤ 현무암

답⑤

베르사유에서 왕실의
화려함을 보아요!

베르사유 궁전은 프랑스 왕의 권위가 하늘을 찌를 때에 사용되던 궁전이에요.

아름다운 바로크 양식으로 지어진 베르사유 궁전은 완벽한 비율을 자랑하는 분수대를 포함하여 왕의 방, 예배당, 거울의 방, 전쟁의 방 등이 화려하기 이를 데 없지요.

루이 14세는 자신이 사는 궁전이 마음에 들지 않았어요.

'음, 이런 초라한 궁전에서 이 위대한 왕이 살다니…….'

루이 14세는 교외에 별궁을 지어 그곳에서 지내는 날이 더 많아졌지요.

어느 날 루이 14세는 재무 장관인 푸케의 집을 방문했어요.

'흥, 재무 장관이 이렇게 멋지고 호화로운 저택에 산다는 게 말이나 돼! 불법으로 돈으로 거둔 게 틀림없어!'

루이 14세는 그길로 푸케를 감옥에 가두었어요.

그리고 푸케의 저택을 지은 건축가들을 시켜서 왕궁을 짓도록 명령했지요.

베르사유 궁전은 최고 건축가의 설계와 최고의 자재만을 사용했으므로 매우 아름답고 호화로웠어요.

그리고 백성들에게 세금을 거두고 일을 시키며 증축을 계속했지요.

그 사이에 백성들은 점점 굶주리고 화가 쌓여 갔어요. 그러다 루이 16세 때 백성들은 마침내 '자유, 평등, 박애'를 외치며 궁전으로 쳐들어 왔어요.

그리고 루이 16세와 왕비 마리 앙투아네트를 처형한답니다.

베르사유 궁전은 프랑스 왕실의 화려함을 보여 주는 곳이야! 화려한 재료와 완벽한 건축미가 돋보이는 곳이지!

★ 선을 따라 그려 보세요.

[베르사유 궁전]

프랑스 파리 남서쪽에 있는 바로크 양식의 궁전으로, 전체 길이가 680m나 되는 프랑스 왕실을 상징하는 궁전이에요. 원래 루이 13세가 사냥용 별장으로 지었으나 그 후 루이 14세에 의해 대정원, 별관, 안뜰, 회랑을 추가한 큰 궁전이 되었어요. 프랑스 혁명 이전까지 궁정 의식을 치르거나 외국 특사를 맞을 때 사용되었어요. 19세기부터는 국제적 회의나 행사를 하는 장소로 쓰이고 있어요.

세계사 퀴즈
베르사유 궁전의 마지막 왕은 누구입니까?

① 루소　　　② 루이 14세
③ 샤를 8세　④ 루이 16세
⑤ 앙리 2세

그랑플라스에서
작은 유럽을 만나요!

그랑플라스는 벨기에 브뤼셀의 중심에 있는 광장으로, 중세 시대의 건물과
현대의 건물이 잘 어울어진 곳이에요.

17세기에 지어진 이 광장은 고딕, 르네상스, 바로크 양식의 중세풍 건축물들
로 둘러싸여 있어요.

96미터의 첨탑이 있는 시청사와 여러 공공건물, 개인 건물이 조화롭게 어울
려 있는 이곳에서는 옛날 방식의 시장이 열리고 축제가 펼쳐지지요.

그랑플라스 근처에 있는 오줌싸개 소년 동상에는 날마다 사람들이 몰려요.

사람들은 봄, 여름, 가을, 겨울 옷을 갈아입히며 이 동상을 사랑해 주지요.

이 오줌싸개 소년은 브뤼셀에서 가장 나이 많은 시민으로 알려져 있어요.

1619년에 제롬 뒤케누아가 만들었다고 전해지는데, 높이가 60센티미터밖에
안 되는 작은 청동상이에요.

14세기에 전쟁이 한창일 때 프라방드 제후의 왕자가 소변을 누어 적군을 모
욕한 데서 유래되었다고 전해지지요.

18세기에 프랑스가 브뤼셀을 침략했을 때에 이 동상을 탐내 프랑스로 가져갔
다고 해요.

이후에 사과의 의미로 화려한 후작 옷을 입혀 돌려보냈다고 하지요.

그 후 원래의 동상은 1960년대에 분실되었고, 다시 현재의 것으로 다시 가져
다 놓았다고 해요.

> 그랑플라스에는
> 유럽의 중세, 현대의
> 건축 양식을 골고루 볼 수
> 있는 건물들이 모여 있어!
> 그래서 위고는 이곳을
> '세계에서 가장 아름다운
> 광장'이라고 말했대!

★ 선을 따라 그려 보세요.

[그랑플라스]

벨기에 브뤼셀 도심에 있는 광장으로, 17세기의 건물들이 모여 있어서 역사·문화적 가치가 높아요. 고딕과 바로크 양식의 건축물들로 둘러싸여 있으며 지극히 유럽적인 분위기를 느낄 수 있어요. 월요일을 제외한 모든 요일에 꽃 시장이 열리고 행사와 이벤트가 끊이지 않아 항상 사람들로 붐벼요. 특히 공공건물과 개인 건물이 조화롭게 공존하며, 일상 생활과 아름다운 문화 예술이 함께하는 공간이에요.

세계사 퀴즈
그랑플라스 주변에 있는 유명한
동상은 어느 것입니까?

① 간디 　　② 나폴레옹

③ 히틀러 　　④ 세종 대왕

⑤ 오줌싸개 소년

⑤ 답

알프스에서 유럽의 자연을 느껴요!

유럽에서 일 년 내내 눈이 녹지 않는 산악 지대가 있어요.

알프스 산에 있는 융프라우, 알레치 호른, 비츠 호른 지역이지요.

해발 약 4천 미터가 넘는 이곳들에는 빙하 지대의 지형적 특성이 그대로 드러나 있어요.

U자 계곡, 원형 협곡, 빙하에 의해 운반된 바위들이 그것이지요.

융프라우는 해발 4천4백7십팔 미터에 있는데, 정상 부분은 날씨가 일정하지 않기 때문에 아름다운 모습을 좀처럼 드러내지 않아요.

이곳에는 유럽에서 가장 긴 알레치 빙하가 있는데, 이 빙하는 4억 5천만 년 지구의 신비를 간직한 채 융프라우로부터 길게 뻗어 있지요.

아직도 산양, 염소, 여우, 검독수리 등과 600여 종의 식물이 살고 있어요.

'알프스의 영원한 꽃'이라고 불리는 에델바이스와 소나무, 전나무, 단풍나무, 너도밤나무 등의 식물도 많이 자라지요.

높은 고도에 있는 융프라우 지역에 가려면 융프라우 등산 열차라는 특별한 교통수단을 이용해야 해요. 이 열차는 유럽에서 가장 높은 곳에 있는 역인 융프라우요흐 역까지 갈 수 있지요.

융푸라우요흐 역 전망대에서 아래를 내려다보면 알레치 빙하가 또렷이 보이고, 인터라켄 시가지가 보여요.

하지만 최근 지구 온난화 문제로 빙하들이 점점 녹고 있답니다.

> 알프스 융프라우 지역은 사계절 내내 빙하와 만년설을 볼 수 있는 세계 자연 유산이야. 높은 산에서 사는 동식물과 흙들 모두가 인류가 보존해야 할 대상이란다!

★ 선을 따라 그려 보세요.

[알프스 융프라우 지역]

융프라우-알레치 호른-비츠 호른으로 이어지는 자연 지역으로, 면적이 82,400㏊
의 넓은 빙하 지대예요. 변성암과 화강암으로 이루어진 이곳은 4억 5천만 년 동안
의 지질 활동을 통해 지금의 모습을 갖추었어요. 해발 4,478m인 융프라우를 비롯
하여 3,970m의 아이거 산, 4,000m가 넘는 알레치 호른, 비츠 호른으로 이루어져
있어요. 유럽에서 가장 긴 알레치 빙하는 융프라우로부터 26.8㎞를 뻗어 나가요.

세계사 퀴즈
'알프스의 영원한 꽃'이라 불리는
것은 무엇입니까?

① 장미　　② 국화

③ 목련　　④ 해바라기

⑤ 에델바이스

⑨月

63

잘츠부르크에서 모차르트를 만나요!

잘츠부르크는 '소금의 산'이라는 뜻을 가진 도시예요.

옛날부터 도시가 소금 산으로 둘러싸여 있고, 그 중심에 아름다운 호수가 이어져 있었기 때문이에요.

잘츠부르크에는 가톨릭의 영향으로 화려한 성당과 이탈리아식 건축물, 광장 등이 많아요.

신시가지에는 분수, 화단, 석상 등이 있는 미라벨 궁전이 있는데, 영화 〈사운드 오브 뮤직〉의 촬영지로도 유명해요.

잘자흐 강을 건너면 구시가지로, 천 년이 넘는 성과 교회를 볼 수 있어요.

그중에서도 묀히스베르크 언덕에 위치한 호헨잘츠부르크 성은 잘츠부르크를 상징하는 건축물이에요.

그리고 모차르트의 살았던 집도 있어요.

모차르트는 궁정 관현악단의 음악 감독이었던 아버지가 누나를 가르치는 것을 어깨너머로 보고 자라 다섯 살 때부터 작곡을 시작했어요.

모차르트는 이때부터 잘츠부르크 왕실뿐 아니라 전 세계를 돌아다니며 연주하게 되었지요.

모차르트는 바흐의 영향을 받았을 뿐 아니라 어린 시절에 잘츠부르크에서 살던 감성을 담아 수많은 교향곡을 남겼어요.

주변에 있는 잘츠카머구트는 소금 생산지로 알려져 있어요.

잘츠부르크는 모차르트의 고향으로 알려진 아름다운 건물들이 많은 도시야! 영화 〈사운드 오브 뮤직〉으로도 유명해!

★선을 따라 그려 보세요.

[잘츠부르크 역사 지구]

오스트리아 서부에 있는 도시로, 바로크 양식의 건축과 모차르트의 출생지, 알프스로의 관문으로 알려져 있어요. 잘차흐 강 양쪽에 위치해 있으며, 가톨릭 문화의 중심지였어요. 로마 시대 이후에 지은 성당, 궁전 등의 바로크 건축물들이 보존되어 있어서 '북쪽의 로마'라고 불려요. '잘츠부르크 음악제'가 매년 개최되며, 악기, 석재·시멘트·양조 등의 공업이 활발하고, 겨울 레포츠 시설도 유명해요.

세계사 퀴즈
잘츠부르크에서 태어난 음악가는
누구입니까?

① 쇼팽　　② 바흐

③ 헨델　　④ 베토벤

⑤ 모차르트

정답⑤

체스키 크룸로프에서
중세 마을을 보아요!

프라하의 남서쪽에 체스키 크룸로프라는 도시가 있어요.

이곳은 블타바 강변이 내려다보이는 언덕 위에 있는 시골 도시예요.

붉은 지붕과 뾰족 튀어나온 첨탑이 있는 마을 풍경은 착한 사람들이 사는 동화 속 마을 같아요.

문화 유적으로 지정된 3백여 개의 건축물들이 모여 있어서 색다른 느낌을 주어요.

체스키 크룸로프는 13세기에 보헤미아의 비테크라는 가문에서 성을 짓기 시작하면서 생겨난 도시예요.

그 뒤 궁전과 예배당과 수도원, 학교, 조폐소 등을 지으면서 본격적으로 발전했지요.

성의 바깥벽은 사람들이 직접 그린 여러 장식으로 가득한데, 멀리서 보면 대리석으로 꾸민 것 같아요.

성 안에는 중세 귀족들의 생활을 엿볼 수 있는 방과 식당, 창고, 작업장 등이 그대로 보존되어 있어요.

구시가지에는 고딕 양식의 벽화와 초기 바로크 양식의 제단으로 유명한 성 비투스 성당과 시 청사와 광장이 있는데, 색깔이 아름답고 모양이 독특해요.

높은 언덕에서 바라보면, 옹기종기 모여 있는 빨간 지붕의 집들이 푸른 강물과 어우러져서 동화 속 그림을 보고 있는 듯하답니다.

체스키 크룸로프는 중세 시대 궁전과 예배당, 학교 등이 모여 있는 작은 도시야. 붉은 지붕으로 된 이 도시 모습은 한 편의 동화 속 그림 같아!

★선을 따라 그려 보세요.

[체스키 크룸로프 역사 지구]

체코 남보헤미아의 작은 도시로, 체스키 크룸로프 성을 포함한 보헤미아식 건축물이 모여 있어요. 크룸로프는 '활 모양으로 굽은 강의 습지'라는 뜻이며, 1920년 이전에는 '크루마우 안 데아 몰다우'로 불렸어요. 14~16세기에 수공업과 상업으로 번영하였는데, 옛 시가지에는 체스키 크룸로프 성을 중심으로 중세의 자취를 간직하고 있는 고딕 양식과 르네상스 양식의 건축물들이 잘 보존되어 있어요.

⑤ 답

세계사 퀴즈
체스키 크룸로프에 없는 건물은
무엇입니까?

① 궁전　　　② 예배당

③ 학교　　　④ 수도원

⑤ 이슬람 사원

67

알람브라 궁전에서 유럽 속 이슬람 문화를 보아요!

그라나다 왕국은 13세기경 이슬람교도인 무어 인들이 그리스도교 세력에 쫓겨 이주해 세운 왕국이에요.

에스파냐가 그리스도교인들의 손에 넘어가면서 자취를 감추었지요.

하지만 그라나다에는 화려한 시절을 증명이라도 하듯 요새, 궁전, 사원 등이 남아 있어요.

알람브라 궁전은 13세기에 이슬람 왕국의 전통적 건축 양식으로 지어졌어요.

알람브라는 아랍 어로 '붉은 성'이라는 뜻으로, 햇빛을 받아 붉게 빛나는 성벽에서 유래된 이름이지요.

입구 앞에 있는 '정의의 방'에는 알라신을 섬기는 이슬람교도가 지켜야 할 다섯 가지 계율이 새겨져 있어요.

방의 천장에는 여러 색깔의 스테인드글라스가 있고, 벽은 빨강, 파랑, 녹색, 황금색의 이슬람 인들이 주로 쓰는 색깔의 타일로 장식되어 있지요.

그 안의 문양은 나무와 꽃 등의 자연물과 '알라만이 승리한다.'는 글씨들예요.

조금 걸어 나오면 인공 연못이 있는데, 이곳의 물은 시에라네바다 산에서 끌어왔다고 해요. 당시 왕들은 연못에 비친 궁전을 보면서 시간을 보냈지요.

그리고 알람브라 궁전에서 가장 유명한 '사자의 정원'에는 열두 마리 사자가 분수대를 받치고 있어요. 둘레에는 대리석 기둥과 아라베스크식 벽이 있는데, 이곳은 왕 이외의 남자가 출입할 수 없었답니다.

알람브라 궁전은 알라신을 믿는 이슬람 왕국이 유럽에 남긴 건축물이야! 건축 양식이나 색깔 등에서 이국적인 아름다움을 띠는 것이 특징이지!

★선을 따라 그려 보세요.

【 알람브라 궁전 】

에스파냐의 그라나다에 있는 건축물로, 그라나다를 한눈에 바라보는 구릉 위에 세워졌어요. 에스파냐의 마지막 이슬람 왕조인 나스르 왕조의 무하마드 1세가 13세기 후반에 창립하여서 14세기까지 지었어요. 이슬람 특유의 아라베스크 무늬와 섬세한 장식물들이 곳곳에 늘어서 있어요. 대리석·타일·채색 옻칠로 이루어진 아름다운 장식의 방이 2개의 커다란 뜻을 중심으로 구성되어 있어요.

⑦ 답

세계사 퀴즈
알람브라 궁전 건축 양식에 영향을 미친 것은 무엇입니까?

① 유교   ② 불교
③ 유대교   ④ 이슬람교
⑤ 그리스도교

69

피라미드에서
고대 이집트를 만나요!

피라미드는 고대 이집트 파라오(왕)의 무덤이에요.

이곳에서 이집트 파라오의 시신과 소장품이 발견되었지요.

고대 이집트는 엄격한 신분 제도로 인해 파라오의 힘이 막강했기 때문에 그
들의 무덤도 크고 완벽하게 지어졌어요.

하지만 피라미드 공사에는 어마어마한 시간과 노력이 필요했어요.

피라미드 하나를 짓는 데 20년이 넘는 시간이 걸리는가 하면, 10만 명이 3개
월로 나누어서 지어도 평생 동안 다 짓지 못하는 경우도 있었지요.

피라미드는 사각형 바닥면에 삼각형으로 돌을 쌓아서 동서남북으로 완벽한
대칭을 이루도록 설계되었어요. 피라미드 가운데 방에는 왕과 왕비의 관을
넣고 북쪽 통로가 북극성과 이어지도록 지었지요.

그런데 고대인들이 어떻게 이런 큰 공사를 했는지는 수수께끼예요.

그리고 이 피라미드가 수천 년이 지난 지금까지 어떻게 원형 그대로 보존되
었는지도 완벽하게 밝혀내지 못했지요.

학자들은 완벽하게 설계된 삼각형 구조물과 혹시 있을지도 모를 충격을 대비
해 묻어 둔 모래 완충제 때문이라는 추측을 했어요.

한편 고대 이집트의 왕들은 왕이 되자마자 자신의 무덤인 피라미드를 세우기
시작했다고 해요. 이것은 피라미드 제작이 얼마나 힘든 일인지 상징적으로
보여 준답니다.

피라미드와 스핑크스는
고대 파라오의 위엄을
상징하는 만큼 완벽한 설계로
지어졌어. 때문에 수천 년이
지나도 원형 그대로
보존되어 있지!

★ 점을 따라 그려 보세요.

카프레 왕의 피라미드

[피라미드 지역]

기원전 2686년~기원전 2181년경 이집트 기자 지역과 다슈르 지역에 지어진 건축물이에요. 역사상 가장 정밀한 계산과 공법으로 지어진 무덤으로, 세계 7 대 불가사의 중 하나예요. 기자 지역에 쿠푸 왕, 카프레 왕, 멘카우레 왕 등 세 개가의 파라미드가 있어요. 이 중 쿠푸 왕 피라미드(대피라미드)는 2.5톤의 돌 230만 개를 쌓아 만들었어요. 카프레 왕 피라미드 동쪽에는 스핑크스가 있어요.

정답 ①①

세계사 퀴즈
피라미드는 누구누구의 시신과
소장품을 넣어 둔 곳입니까?

① 왕   ② 왕비

③ 시녀   ④ 탐험가

⑤ 역사가

71

누비아에서
이집트 신화를 들어요!

누비아 유적에서 가장 눈에 뜨이는 곳은 람세스 2세의 아부심벨 신전이에요.

람세스 2세는 이집트의 건축왕으로 불릴 만큼 대공사를 많이 했어요.

아부심벨 신전을 비롯해 룩소르 신전, 라메세움 신전, 카르나크 신전 등을 건설했지요.

람세스 2세는 전쟁에서 용맹하게 싸우는 자신의 모습을 벽에 새겼어요.

또한 아비도스에 군사 수도를 건설하면서 국경 요새를 강화하며 전차를 생산하도록 지휘하기도 했지요.

그 뒤 군사 강국 히타이트와 전투를 벌이지만 승부를 가리지는 못해요.

이와 같은 이야기가 담긴 아부심벨 신전 입구에는 람세스 2세의 좌상이 4개 있어요. 그 동상 곁에는 왕비, 왕자, 공주의 동상들이 자그맣게 있어요.

한편 람세스 신전은 현대에 와서 댐 건설 때문에 수몰될 위기에 놓인 적이 있었어요. 결국 많은 사람들이 반대해서 산 전체를 옮기는 공사를 했지요.

사람들은 옮겨온 곳에서도 '태양의 기적'이 계속될지 걱정했어요.

태양의 기적이란 일 년에 두 번씩 태양빛이 아부심벨 신전 입구에서 내부까지 밝히는 현상을 말해요. 태양의 빛이 태양의 신 아몬 라와 람세스 2세의 동상을 비추고 밝음의 신 하르마키스에게는 옮겨 가지만 어둠의 신 프타에게는 결코 닿지 않는 것이지요.

다행히 신전을 옮긴 뒤에도 이 기적은 계속되었답니다.

누비아 유적에는
람세스 2세의 아부심벨
신전을 포함한 많은
신전이 있어!
아부 심벨의 신전 입구에는
거대한 람세스 2세의
좌상 4개가 있어!

★선을 따라 그려 보세요.

[누비아 유적]

이집트 남부 나일 강 유역에 있는 고대 이집트 문명의 유적이에요. 아부심벨에서
필래 섬에 걸쳐 있던 유적으로, 람세스 2세와 이시스 신전들이 있어요. 1960년대
에 이집트의 나일 강 유역 아스완 하이 댐 건설 계획으로 수몰될 위기에 놓였다가
유네스코의 도움으로 고지대로 이전해 왔어요. 찬란했던 이집트 문명을 이해하는
데 도움을 주는 유적이에요.

세계사 퀴즈
아부심벨 신전은 누구를 기념하
기 위한 곳입니까?

① 포타   ② 아몬 라
③ 람세스 2세 ④ 하르마티스
⑤ 클레오파트라

카르타고에서 고대 도시를 보아요!

카르타고는 고대 페니키아 인들이 튀니스 만에 세운 도시예요.

카르타고는 해상 무역으로 힘이 커져서 로마군과 포에니 전쟁을 벌였어요.

하지만 로마군에 크게 패배해서 시칠리아와 사르디니아, 코르시카 등 주요 지역을 내줄 수밖에 없었지요.

"막강한 로마군을 이기려면 전략이 필요해! 나라의 뜻을 한데 모으고 군대의 사기를 높이면서 적의 허를 찌르자!"

한니발은 침체된 카르타고군의 사기를 높이고 카르타고는 수중전에 강하다는 생각을 뒤집는 전략을 짰어요.

마침내 한니발은 대부대를 이끌고 알프스 산맥을 넘어 로마로 갔어요.

한니발은 로마를 정벌하러 가면서 내란을 막기 위해 본국과 에스파냐에 용병을 배치했어요.

로마군은 한니발의 기습적인 알프스 횡단 소식을 듣고 허겁지겁하다가 트레비아 강과 트라시메네 호에서 크게 패하고 말았어요.

이후 로마군은 막강한 한니발 군대를 정상적인 방법으로는 이길 수 없다는 것을 깨달았어요.

그래서 한니발과 전투를 피하고 시간을 끌어서 지치게 만든 뒤 본국을 공격하는 변칙적인 전략을 짜서 승리하였답니다.

현재 옛 카르타고 자리에는 무너진 건물의 흔적만 남아 있지요.

> 카르타고는 아프리카 튀니스 만에 있었던 고대 도시로, 해상 무역을 주름 잡으며 큰 영광을 누렸어!

★선을 따라 그려 보세요.

[카르타고 고고 유적]

카르타고는 기원전 9세기에 튀니스 만에 건국된 고대 도시 국가로, 기원전 6세기부터 지중해 대부분을 장악한 무역 왕국으로 발달하였어요. 포에니 전쟁 동안 한니발 장군이 로마의 영토를 점령하기도 했으나, 기원전 146년에 로마에 완전히 정복당해 폐허가 되었어요. 이후, 반달 족의 왕들에게 지배를 받다가 533년 비잔틴 제국, 639년에는 아랍 인에게 정복당한 뒤 튀니스라는 신흥 도시에 밀렸지요.

세계사 퀴즈
고대 카르타고를 멸망시킨 나라는 어디입니까?

① 영국　　② 독일
③ 프랑스　　④ 미국
⑤ 로마 제국

답 ⑤

세렌게티에서 자연인이 되어요!

아프리카 동부 탄자니아에는 약 1만 5천 제곱킬로미터에 걸쳐 평원이 펼쳐지는 세렌게티 국립 공원이 있어요.

세렌게티에는 사바나 기후에서 사는 얼룩말, 기린, 코끼리, 영양 등의 초식 동물과 치타, 표범, 사자 등의 육식 동물이 생태계를 이루며 살고 있어요.

그 주변으로 마사이 족이 마을을 이루며 오순도순 살아가지요.

세렌게티는 자연 생태계를 파괴하지 않으면서 동물들과 함께 살아가는 인간의 모습을 생생하게 보여 주고 있어요.

이곳은 사람들이 차를 타고 가며 사파리 여행을 즐길 수 있는데, 이때에는 동물들도 사람들을 해치지 않는다고 해요.

세렌게티의 계절은 우기와 건기로 나뉘어요.

이 중 우기에는 세렌게티 전체가 녹색 숲으로 변하고, 건기에는 검붉게 타오르는 들판으로 바뀌어요.

간절기인 봄과 가을에는 동물들이 떼지어 이동하는 모습을 볼 수 있어요.

이곳의 동물들은 해마다 약 천오백 킬로미터나 이동을 해요.

동물들이 이동할 때에는 악어들이 눈이 번뜩이며 몰려드는데, 이 모습이 볼 만하지요.

야생 동물들이 이동하는 이 길은 세렌게티의 남동부에서 서쪽을 지나 빅토리아 호수와 가까운 마사이 마라 지역까지 이어진답니다.

세렌게티에는 포유류와 조류 등이 자연 생태계를 이루며 살아! 그 속에서 어울려 사는 인간의 모습이 참 신기하지!

[세렝게티 국립 공원]

탄자니아 세렝게티 평원에 있는 국립 공원으로, 면적이 14,763㎢에 달해요. 킬리만자로 산 서쪽 사바나 지대의 중심에 있으며, 세계 최대의 평원 수렵 지역이에요. 사자·코끼리·들소·얼룩말 등 약 300만 마리의 대형 포유류가 살고 있어요. 또한 동부흑백콜로버스, 로운앤틸로프, 검은꼬리누 등 희귀 동물들이 살며, 황새·매·큰물떼새 등 350여 종의 조류가 모여들기도 해요.

세계사 퀴즈
세렝게티 주변에 사는 종족은 누구입니까?

① 몽골 족   ② 켈트 족
③ 게르만 족   ④ 마오리 족
⑤ 마사이 족

정답 ⑤

북아메리카 | 캐나다

앨버타에서 공룡을 만나요!

앨버타 주립 공룡 공원은 세계 최대 공룡 화석이 발견된 곳이에요.

이곳에서 공룡 뼈를 발견한 사람은 고고학자 웨스턴이에요.

웨스턴은 1889년 캘거리 동쪽 레드디어 강 계곡에서 이곳을 여행하다가 처음 공룡 화석을 발견하였어요.

그리고 발굴 팀을 꾸려서 25종 이상의 공룡 뼈와 흔적을 찾아냈지요.

이것들은 중생대 백악기에 살았던 크고 작은 공룡들로 밝혀졌어요.

최근에는 이 공룡 공원에서 7천만 년 전 북미 대륙을 누볐던 신종 '뿔 공룡'이 발견되었어요.

이것은 '레갈리케라톱스'라는 공룡으로 왕관 모양의 주름 장식과 코와 눈 주위에 길고 짧은 뿔을 가졌어요.

이 공룡은 영화 〈헬보이〉의 주인공과 닮아서 '헬보이'란 별명을 얻었지요.

그리고 공룡 화석 발굴지의 하나인 '드럼헬러'에 가면 공룡과 관련된 다양한 체험을 할 수 있어요.

이곳의 '데블스 쿨리'에서는 7천5백만 년 전 공룡 알을 관찰할 수 있고, 로열 티렐 고생물 박물관에서는 완벽하게 복원된 공룡과 공룡 화석을 다루는 장면을 볼 수 있어요.

앨버타 주립 공룡 공원은 회색빛으로 뒤덮인 황무지로 우주 전쟁을 다룬 영화 〈스타워즈〉를 촬영한 곳이기도 했답니다.

앨버타 주립 공룡 공원에 가면 공룡 알, 공룡 뼈, 공룡 발자국 화석을 관찰할 수 있어! 거대한 황무지에 남은 공룡의 흔적을 찾는 기분이 짜릿하단다!

★ 선을 따라 그려 보세요.

뿔 공룡의 뼈

【 앨버타 주립 공룡 공원 】

캐나다 앨버타 주의 배드랜드 중심에 있는 공룡 공원이에요. 아름다운 경치와 함께 7,500만 년 전의 25종 이상의 공룡 화석이 발견되었어요. 곳곳에 늘어선 기암들이 황량한 느낌을 주는 가운데 수많은 공룡 뼈의 흔적을 발견할 수 있어요. 이밖에 로열 티렐 고생물 박물관에는 발굴된 공룡 뼈가 전시되어 있으며, 공룡 화석 체험도 가능하도록 되어 있지요.

정답 ④

세계사 퀴즈
앨버타 공룡 공원에서 발견된 공룡들이 살던 시대는 언제입니까?

① 현대　　　② 고생대

③ 신생대　　④ 중생대

⑤ 선캄브라이대

그랜드 캐니언에
아찔하게 서 봐요!

그랜드 캐니언은 오랜 세월 동안 침식과 풍화 작용을 거듭하면서 형성된 협곡으로 높이 약 천5백 미터의 장관이 펼쳐져 있어요.

그랜드 캐니언은 원시 그대로의 모습을 간직하다가 1540년에 유럽의 코로나도 탐험대에 의해 처음 발견되었어요.

그 이후 오랫동안 잊혀졌다가 미국 지리학자 존 웨슬리 파월 탐사대가 콜로라도 강을 탐험하면서 세상에 알려졌어요.

어느 날 파월 일행은 카누를 타고 그랜드 캐니언의 오지까지 탐사를 했어요.

이전의 사람들도 그랜드 캐니언의 탐사를 시도했지만, 거센 바람과 엄청난 계곡의 흐름 앞에서 번번이 실패를 했지요.

하지만 파월 일행은 죽을 고비를 넘기면서 강 하류까지 무사히 탐사하여 장엄한 그랜드 캐니언의 경관을 세상에 알렸지요.

그랜드 캐니언은 20억 년에 걸쳐 이루어진 지각 운동의 결과로 웅장한 수평 단층을 이룬 곳이에요.

이곳에서는 사막으로부터 산악에 이르기까지 다양한 상태의 기후를 볼 수 있어요. 그리고 멸종 위기 동물들과 다양한 포유류, 조류, 파충류, 양서류, 어류 등이 생태계를 이루며 사는 모습도 볼 수 있지요.

이 공원은 2천6백 개 이상의 선사 시대 유적을 간직하고 있어서 북아메리카 대륙의 고대 문화 연구에 중요한 자료가 되고 있답니다.

그랜드 캐니언은 20억 년에 걸쳐 변해 온 땅의 모양을 깎아지른 듯한 절벽에서 볼 수 있어! 으이구, 다리 떨려!

★선을 따라 그려 보세요.

【 그랜드 캐니언 국립 공원 】

미국 콜로라도 강에 의한 침식으로 깎여 생긴 자연 협곡으로, 깊이가 약 1,500m 나 되어서 세계에서 경관이 뛰어나기로 손꼽히는 곳이에요. 애리조나 주에 있으 며, 수평 단층에는 20억 년 전 지질이 보존되어 있어요. 협곡 안에는 둔덕, 소용돌 이, 탁자 모양의 대지 등이 있는데 가장자리에서 굽어보면 산맥처럼 보여요. 이곳 에서는 선사 시대부터 척박한 환경에 적응해 온 인간의 역사도 볼 수 있지요.

세계사 퀴즈
그랜드 캐니언 형성에 작용한 것 은 무엇무엇입니까?

① 지진   ② 화산
③ 퇴적   ④ 풍화
⑤ 침식

멕시코시티에서
아즈텍을 만나요!

멕시코시티는 아즈텍 왕국의 수도 테노치티틀란이었어요.

아즈텍 왕국은 에스파냐의 에르난 코르테스가 침입해 오면서 최초로 발견되었지요.

코르테스는 찬란한 아즈텍의 수도를 보고 깜짝 놀랐어요.

'우아, 세계적 도시 런던의 인구도 4만 명 정도인데, 이곳의 인구가 30만 명이라니 정말 놀랍구나!'

당시는 유럽 강대국들이 앞다투어 식민지를 건설할 때였어요.

에스파냐는 서둘러서 아즈텍 문명을 파괴하고 금과 보석을 빼앗아 갔어요.

그리고 아즈텍 유적 위에 유럽식 건물들을 세웠어요.

때문에 지금 남아 있는 아즈텍 유적은 건축물이 있던 자리뿐이에요,

이 중 가장 잘 보존된 것이 템플로 마요르라는 신전이에요.

이 신전도 건물은 파괴되고 기초 부분만 남아 있는데, 이곳은 아즈텍 신전을 무너뜨리고 지은 메트로폴리타나 대성당 동쪽에 있지요.

아즈텍 유적을 보면 태양과 별의 움직임을 대비시킨 천문학의 발달, 사람과 짐승을 생동감 있게 표현한 조각품의 우수성 등을 발견할 수 있어요.

아즈텍 문명의 상징인 '태양의 돌'은 무게가 24톤이나 되는데 한가운데에는 태양신이 새겨져 있어요.

한편 소치밀코에는 아즈텍의 농경 문화를 볼 수 있는 마을이 남아 있답니다.

멕시코시티에는 아즈텍 문명이 있었지만 에스파냐에 의해 파괴되고 현재는 건축물이 있던 기초 부문만 남아 있어! 당시 건축물이 얼마나 크고 치밀했는지 알 수 있어!

★선을 따라 그려 보세요.

템플로 마요르

[멕시코시티 역사 지구]

멕시코시티는 멕시코의 수도로, 16세기에 아즈텍 왕국의 수도 테노치티틀란의 유적 위에 에스파냐 사람들이 세운 도시예요. 폐허였던 자리에 5개의 아즈텍 신전들과 아메리카에서 가장 큰 성당, 팔라시오 데 발라스 아르테스가 모여 있어요. 멕시코시티 안에 있는 소치밀코는 아즈텍 이후의 전통을 고스란히 간직한 곳으로, 아즈텍 사람들이 건설한 운하와 인공 섬들을 잇는 연결망 등을 볼 수 있어요.

세계사 퀴즈
찬란했던 아즈텍 문명을 파괴한 것은 어느 나라입니까?

① 영국　　　② 독일
③ 프랑스　　④ 네덜란드
⑤ 에스파냐

마추픽추에서 잉카 인을 만나요!

잉카 제국은 16세기 초까지 평화롭게 번영하며 살았어요.

그러다가 1532년에 에스파냐의 피사로의 침입을 받았지요.

전쟁에서 진 잉카의 황제는 에스파냐 군대에 목숨을 잃었어요.

피사로는 황제의 동생 망코를 왕으로 앉히고 정치를 쥐락펴락했어요.

그런데 망코는 황금 조각상을 준다고 피사로에게 거짓말을 한 뒤 10만 명의 잉카 인들을 이끌고 안데스 산으로 올라갔어요.

망코는 이곳에 '마추픽추'라는 커다란 요새를 세우고 잉카 제국의 부활을 준비했어요.

하지만 총칼을 들고 다시 쳐들어온 에스파냐 군대에게 다시 패하고 말아요.

이후 잉카 제국은 완전히 멸망했지만, 세월이 흐르자 사람들은 수군댔어요.

"마추픽추에 잉카 인들이 숨겨 놓은 엄청난 황금이 있대!"

탐험가들은 너나 할 것 없이 마추픽추를 찾으려고 혈안이 되었어요.

하지만 험준한 안데스 산 깊은 곳에 있는 마추픽추는 좀처럼 발견되지 않았어요. 그러다가 탐험가 히람 빙엄에 의해 발견되었지요.

한 사람 정도 지날 수 있는 좁은 길을 돌아 올라가니 커다란 돌들로 지은 잉카 인들의 찬란한 건축물이 모습을 드러냈어요.

사람들은 마추픽추 유적지를 보고 깜짝 놀랐어요.

옛 잉카 제국의 신전과 학교, 작업장이 그대로 보존되었기 때문이랍니다.

안데스 산 마추픽추 유적지 사진을 90도 돌려 보면 미소를 짓는 듯한 잉카 인의 모습이 보여! 아직도 잉카 인이 살아 있다고 말하는 듯하단다!

★선을 따라 그려 보세요.

[마추픽추 역사 보호 지구]

페루 남부 쿠스코 북서쪽 우루밤바 계곡에 있는 15세기 잉카 문명의 흔적을 볼 수 있는 곳이에요. 해발 2,400m 고원에 있는 잉카 제국 최후의 도시로, 안데스 산 깊은 곳에 숨겨진 왕국이에요. 이곳에는 화강암으로 지은 143채의 건물이 있는데, 각각 신전, 학교, 작업장 등으로 쓰였어요. 산비탈을 이용해 만든 밭이나 꼭대기의 해시계는 잉카 문명이 농경 문화를 바탕으로 이루어졌음을 짐작케 해요.

ⓒ吕

세계사 퀴즈
마추픽추를 건설한 것은 어느 제국입니까?

① 로마　　② 몽골
③ 잉카　　④ 아즈텍
⑤ 게르만

85

라파 누이에서 석상을 보아요!

옛날 이스터 섬에 살던 폴리네시아 인들은 바깥세상과 단절된 채 살았어요.

그러다가 1722년 네덜란드의 해군 제독 로게벤이 태평양을 항해하다가 이 섬을 처음 발견했어요.

"우아, 부활절에 이렇게 특별한 섬을 발견하다니……."

로게벤은 이 섬의 이름을 부활절을 뜻하는 '이스터'라고 지었어요.

로게벤은 섬에 내리자마자 또 한 번 놀랐어요.

커다란 머리와 몸통만 있는 4미터가 넘는 모아이 석상들이 섬 이곳저곳에 천여 개가 흩어져 있었기 때문이지요.

석상들은 '아후'라고 불리는 제단 위에 세워져 있었고, '푸카오'라는 돌 모자를 쓰고 있었어요.

'도대체 이 괴상한 모양의 석상은 누가, 어떻게 만든 것일까?'

사람들은 이 석상들을 두고 한 마디씩 했어요.

"폴리네시아 원주민들이 밧줄과 통나무로 돌을 가져와서 오랜 세월 동안 만들었을 거야!"

"아니야! 분명히 외계인들로부터 설계 방법을 배워서 만든 걸 거야!"

하지만 학자들은 석상을 만드는 데 사용된 돌이 이 섬의 휴화산인 라노라라크 분화구에서 나온 화산암이어서 쉽게 나르고 날카로운 연장 없이도 조각할 수 있었을 것으로 추측했답니다.

모아이 석상들을 보면, 다리가 없고 머리와 몸통만 있어! 혹시 외계인들이 자신들의 모습을 새기고 간 건 아닐까?

★선을 따라 그려 보세요.

【 라파 누이 국립 공원 】

칠레 해안에서 3,800㎞ 떨어진 태평양의 이스터 섬에 있는 석상과 무덤 등의 유적들을 보존하기 위해 지정된 국립 공원이에요. 라파 누이는 이스터 섬의 원래 이름으로, 이 섬에 정착한 폴리네시아 원주민들의 독창적 삶의 모습을 볼 수 있어요. 이곳에는 모아이 석상으로 알려진 높이 4~5m, 무게 4~5t의 석상들이 여기저기 흩어져 있어요. 석상의 제작 장소였을 것으로 보고 있어요.

답⑤

세계사 퀴즈
라파 누이에 살던 원주민은 누구였습니까?

① 중국인   ② 아즈텍 인
③ 네덜란드 인 ④ 모아이 인
⑤ 폴리네시아 인

대보초, 거대한 산호초를 보아요!

오스트레일리아(호주) 퀸즐랜드 해안가에는 6백여 개의 섬이 있어요.

연둣빛 이끼 같은 거대한 산호초들이 섬을 이룬 곳이지요.

대보초라고 불리는 이 산호초는 넓이가 20만 7천 제곱킬로미터나 되는 드넓은 바다 위에 오밀조밀하게 흩어져 있지요.

대보초가 언제부터 만들어졌는지는 정확히 알 수 없지만, 약 1만 8천 년 전이라고 추측하고 있어요.

빙하기가 지나고 해빙기가 오면서 오스트레일리아 해안가는 물에 점점 잠겼고, 이렇게 해수면의 높이가 여러 번 바뀌면서 지금과 같은 산호초 지대가 되었어요.

대보초에는 4백여 종의 산호초뿐 아니라 가지각색의 열대어가 살고 천5백여 종의 어류와 4천여 종의 연체동물 등이 살고 있어요.

대보초의 그린 섬에서는 아름다운 바닷속을 들여다볼 수 있어요.

깊은 바다로 나가면 멸종 위기에 있는 고래상어를 만날 수 있지요.

대보초의 해밀턴 섬은 언덕 중턱에 캥거루, 코알라, 악어 등 오스트레일리아의 대표적인 동물들을 볼 수 있는 동물원이 있어요.

탕가루마 모레토 섬에서는 야생 돌고래를 볼 수 있어요.

하지만 최근 지구 온난화로 대보초의 산호초들이 하얗게 변하며 죽어가고 있답니다.

대보초는 거대한 산호초가 섬을 이룬 곳이야. 파란 바다 위에 섬처럼 펼쳐진 산호초를 보는 느낌이 정말 좋지!

★선을 따라 그려 보세요.

【 대보초 】

오스트레일리아의 북동 해안을 따라 발달한 세계 최대의 산호초 지대예요. 면적
은 20만 7,000㎢, 길이는 2,000㎞나 되지요. 산호초 대부분이 바다에 잠겨 있고,
일부가 바다 위로 나와 방파제같이 보여요. 산호 400여 종, 어류 1,500여 종, 연
체동물 4,000여 종 등 매우 다양한 생물이 서식하고 있어요. 초록거북, 듀공 등의
멸종 위기의 해양 생물들이 사는 곳이기도 해요.

답⑨

세계사 퀴즈
오스트레일리아의 대보초가 하얗
게 변하는 까닭은 무엇입니까?

① 녹조   ② 적조

③ 진화   ④ 돌연변이

⑤ 지구 온난화

오페라 하우스에서 공연을 보아요!

시드니 하버브리지 남동쪽에는 이 도시를 대표하는 오페라 하우스가 있어요.

오페라 하우스는 조개껍데기 모양의 하얀색 건물이에요.

이곳은 아름다운 바다와 세계적인 공연을 보러 온 수많은 사람들로 날마다 북적이지요.

오페라 하우스에는 2천7백여 명이 입장할 수 있으며, 콘서트홀을 중심으로 오페라 극장, 드라마 극장, 연극관 4개의 공연장과 부대 시설이 있어요, 날마다 세계적인 오페라와 뮤지컬 공연이 펼쳐지는데, 잔디 공원과 식물원에서는 산책을 즐기는 시민들도 볼 수 있어요.

이제는 시드니뿐 아니라 호주의 상징이 된 오페라 하우스를 건설할 때의 이야기는 아주 잘 알려져 있지요.

1957년에 오스트레일리아는 나라를 대표하는 건축물을 짓기로 했어요.

그래서 전 세계 건축가들을 대상으로 디자인 콘테스트를 벌이지요.

32개국 232점의 작품이 응모된 가운데 덴마크의 건축가 요른 우츤이 최종적으로 당선되었어요.

요른 우츤은 작품을 구상하다가 부인이 가져다 놓은 접시 위의 오렌지 조각을 보고 눈이 번쩍 뜨였어요.

오렌지 조각에서 우아한 곡선의 오페라 하우스를 떠올린 것이지요.

이것은 바로 시드니 오페라 하우스의 지붕 모양이 되었답니다.

오페라 하우스의 지붕이 조개껍데기를 닮았는지 오렌지를 닮았는지 잘 보렴! 무엇을 닮았든 멋있긴 참 멋있지?

★선을 따라 그려 보세요.

[시드니 오페라 하우스]

오스트레일리아 하버브리지 남동쪽에 위치한 공연 예술의 중심지로, 아름다운 바다를 배경으로 지어졌어요. 덴마크의 건축가 요른 우츤이 설계하여 1973년에 완공하였어요. 조개껍데기 모양의 지붕이 바다와 절묘한 조화를 이루는데, 날마다 이곳에서 세계적인 오페라와 뮤지컬이 공연되고 있지요. 최근 이곳은 호주를 상징하는 건물로 인식될 정도로 유명해졌어요.

세계사 퀴즈
시드니 오페라 하우스의 쓰임새는 무엇입니까?

① 학교　　② 교회
③ 공연장　④ 운동장
⑤ 국회 의사당

③ 답

고흐의 작품 여행

〈고흐의 방〉, 1888년

〈별이 빛나는 밤〉, 1889년

〈감자 먹는 사람들〉, 1885년

〈아를의 랑그루아 다리〉,
1888년

〈라크로의 추수〉, 1888년

〈씨 뿌리는 사람〉, 1888년

〈아를의 별이 빛나는 밤〉,
19세기경

〈붓꽃이 있는 아를 풍경〉,
1888년

〈흐린 하늘을 배경으로
한 밀밭〉, 1890년

〈몽마르트르 언덕의 채소밭〉,
1887년

〈까마귀가 있는 밀밭〉, 1890년

〈올리브밭 풍경〉, 1889년

〈삼나무가 있는 밀밭〉, 1889년

〈붓꽃〉, 1889년

〈낮잠〉, 1889~1890년

〈해바라기〉, 1888년

〈노란집〉, 1888년

〈오베르-쉬르-우아즈의
교회〉, 1890년

〈아를의 포룸 광장의
카페 테라스〉, 1888년

〈아를의 여인(책과 함께
있는 지누 부인)〉, 1888년

〈펠트 모자를 쓴 자화상〉,
1887년

〈파이프를 물고 귀에
붕대를 한 자화상〉, 1889년

〈자화상〉, 1889년

〈늙은 농부 파시앙스
에스칼리에의 초상〉, 1888년

〈아르망 룰랭의 초상〉,
1888년

〈자장가(룰랭 부인)〉, 1889년

〈탕기 영감의 초상〉,
1887~1888년

〈우체부 조셉 룰랭의 초상〉,
1888년

〈아기 마르셀 룰랭〉, 1888년

〈영원의 문턱에서〉, 1890년

빈센트 반 고흐 (1853~1890년)

네덜란드의 화가로, 강한 색채와 힘 있는 붓의 움직임을 이용하여 자신만의 독특한 작품을 확립하였어요. 대표 작품으로는 〈해바라기〉, 〈자화상〉, 〈별이 빛나는 밤〉, 〈감자 먹는 사람들〉 등이 있어요. 고흐는 네덜란드 북부 그루트 준데르트에서 목사의 아들로 태어났어요. 구필 화랑에 들어가면서 그림과 인연을 맺었어요. 〈감자 먹는 사람들〉 등 초기 작품들은 하층민의 생활과 풍경을 담은 어두운 그림들이 많아요. 그러다가 인상파의 밝은 그림과 일본 우키요에 판화에 매료된 때부터는 밝고 강렬하며 힘 있는 그림을 그리기 시작해요. 이후 프랑스 아를로 이사하여 고갱과 공동 작업을 하다가 정신병이 생긴 뒤 자살하지요.

글_ 지에밥 창작연구소

지에밥 창작연구소는 어린이가 책을 재미있게 읽고 글을 즐겁게 쓸 수 있도록 하기 위해 연구하고 있어요.
지에밥 창작연구소가 기획하고 쓴 책으로는 〈세 마리 토끼 잡는 독서 논술(전 25권)〉,
〈있다! 시리즈(전 4권)〉, 〈교원 가치 동화〉, 〈교원 용어 한국사〉 등이 있어요.
〈있다! 시리즈-고전 안에 일기 비법 있다!〉로 2014년 한국출판문화산업진흥원 우수 콘텐츠에 선정되었어요.

고흐와 떠나는 교과서 여행

내 손으로 그리는 세계사

2015년 9월 10일 1판 1쇄

기획 · 글_ 지에밥 창작연구소
그림 · 디자인_ 장현순
사진_ 굿이미지, 두피디아

펴낸이_ 강영주
펴낸곳_ 지에밥
주소_ 경기도 성남시 분당구 분당로 263번길 68 104-205
전화_ (031)602-0190
팩스_ (031)602-0190
등록_ 제2012-000051호(2011. 10. 20.)
이메일_ slchan01@naver.com
블로그_ blog.naver.com/slchan01
ISBN_ 979-11-85646-10-7 64710